박문각

합격을 결정짓는

박희용 필수서

부동산공법 2차

박문각 공인중개사

브랜드만족 1위 박문각

2025

CONTENTS

이 책의 **차례**

국토의 계획 및 이용에 관한 법률

제1절 총설

① 용어

(1) 광역도시계획

광역도시계획이란 **광역계획권**의 장기발전방향을 제시하는 계획을 말한다.

(2) 도시 · 군계획

도시 · 군계획이란 특별시 · 광역시 · 특별자치시 · 특별자치도 · 시 또는 군(광역시 관할구역안의 군은 제외)의 관할구역에 대하여 수립하는 공간구조와 발전방향에 대한 계획으로서 **도시 · 군기본계획**과 **도시 · 군관리계획**으로 구분한다.

참고 광역도시계획은 도시 · 군계획에 해당하지 않는다.

(3) 도시 · 군기본계획

도시 · 군기본계획이란 특별시 · 광역시 · 특별자치시 · 특별자치도 · 시 또는 군의 관할 구역에 대하여 기본적인 공간구조와 장기발전방향을 제시하는 **종합계획**으로서 도시 · 군관리계획 수립의 지침이 되는 계획을 말한다.

(4) 도시 · 군관리계획

참고 도시 · 군관리계획에 해당하지 않는 것
1. 용도지역 · 지구의 행위제한
2. 개발밀도관리구역, 기반시설부담구역
3. 성장관리계획

도시 · 군관리계획이란 특별시 · 광역시 · 특별자치시 · 특별자치도 · 시 또는 군의 개발 · 정비 및 보전을 위하여 수립하는 토지 이용, 교통 등에 관한 다음의 계획을 말한다.

> ① 용도지역 · 용도지구의 지정 또는 변경에 관한 계획
> ② 개발제한구역, 도시자연공원구역, 수산자원보호구역, 시가화조정구역의 지정 또는 변경에 관한 계획
> ③ 기반시설의 설치 · 정비 또는 개량에 관한 계획
> ④ 도시개발사업이나 정비사업에 관한 계획
> ⑤ 지구단위계획구역의 지정 또는 변경에 관한 계획과 지구단위계획
> ⑥ 도시혁신구역의 지정 또는 변경에 관한 계획과 도시혁신계획
> ⑦ 복합용도구역의 지정 또는 변경에 관한 계획과 복합용도계획
> ⑧ 도시 · 군계획시설입체복합구역의 지정 또는 변경에 관한 계획

(5) 지구단위계획

지구단위계획이란 도시·군계획 수립대상 지역안의 **일부**에 대하여, 토지이용 합리화, 기능증진, 미관개선 등, 그 지역의 체계적·계획적 관리를 위해 수립하는 도시·군관리계획을 말한다.

(6) 성장관리계획

성장관리계획이란 성장관리계획구역에서의 **난개발을 방지**하고 계획적인 개발을 유도하기 위하여 수립하는 계획을 말한다.

참고 성장관리계획은 도시·군관리계획에 해당되지 않는다.

(7) 공간재구조화계획

공간재구조화계획이란 토지의 이용 및 건축물이나 그 밖의 시설의 용도·건폐율·용적률·높이 등을 **완화하는** 용도구역의 효율적이고 계획적인 **관리**를 위하여 수립하는 계획을 말한다.

(8) 도시혁신계획

도시혁신계획이란 창의적이고 혁신적인 도시공간의 개발을 목적으로 **도시혁신구역**에서의 토지의 이용 및 건축물의 용도·건폐율·용적률·높이 등의 **제한**에 관한 사항을 **따로** 정하기 위하여 **공간재구조화계획으로 결정**하는 도시·군관리계획을 말한다.

(9) 복합용도계획

복합용도계획이란 주거·상업·산업·교육·문화·의료 등 다양한 도시기능이 융복합된 공간의 조성을 목적으로 **복합용도구역**에서의 건축물의 용도별 구성비율 및 건폐율·용적률·높이 등의 **제한**에 관한 사항을 **따로** 정하기 위하여 **공간재구조화계획으로 결정**하는 도시·군관리계획을 말한다.

(10) 기반시설 : 기반시설이란 다음의 시설을 말한다.

교통시설	도로·철도·항만·공항·주차장·자동차정류장·궤도·차량검사 및 면허시설
공간시설	광장·공원·녹지·유원지·공공공지
유통·공급시설	유통업무설비, 수도·전기·가스·열공급설비, 방송·통신시설, 공동구·시장, 유류저장 및 송유설비
공공·문화체육시설	학교·공공청사·문화시설·공공필요성이 인정되는 체육시설·연구시설·사회복지시설·공공직업훈련시설·청소년수련시설

방재시설	하천 · 유수지 · 저수지 · 방화설비 · 방풍설비 · 방수설비 · 사방설비 · 방조설비
보건위생시설	장사시설 · 도축장 · 종합의료시설
환경기초시설	하수도 · 폐기물처리 및 재활용시설 · 빗물저장 및 이용시설 · 수질오염방지시설 · 폐차장

⑾ 도시 · 군계획시설

도시 · 군계획시설이란 기반시설 중 **도시 · 군관리계획으로 결정**된 시설을 말한다.

⑿ 광역시설

광역시설이란 기반시설 중 광역적인 정비체계가 필요한 다음의 시설로서 대통령령으로 정하는 시설을 말한다.

둘 이상의 특별시 · 광역시 · 특별자치시 · 특별자치도 · 시 또는 군의 관할 구역에 걸쳐 있는 시설	도로 · 철도 · 광장 · 녹지, 수도 · 전기 · 가스 · 열공급설비 등
둘 이상의 특별시 · 광역시 · 특별자치시 · 특별자치도 · 시 또는 군이 공동으로 이용하는 시설	항만 · 공항 · 자동차정류장 · 공원 · 유원지 · 유통업무설비 등

⒀ 공동구

공동구란 전기 · 가스 · 수도 등의 공급설비, 통신시설, 하수도시설 등 지하매설물을 공동 수용함으로써 미관의 개선, 도로구조의 보전 및 교통의 원활한 소통을 위하여 지하에 설치하는 시설물을 말한다.

⒁ 도시 · 군계획시설사업

도시 · 군계획시설사업이란 **도시 · 군계획시설**을 설치 · 정비 또는 개량하는 사업을 말한다.

⒂ 도시 · 군계획사업

도시 · 군계획사업이란 도시 · 군관리계획을 시행하는 사업으로서 **도시 · 군계획시설사업, 도시개발사업, 정비사업**을 말한다.

⒃ 공공시설

공공시설이란 도로 · 공원 · 철도 · 수도, 그 밖에 대통령령으로 정하는 공공용시설을 말한다.

⑰ 국가계획

국가계획이란 중앙행정기관이 수립 또는 국가 정책목적달성을 위한 계획중 **도시·군기본계획사항을 모두 포함**하거나, **도시·군관리계획으로 결정할 사항이 포함**된 계획을 말한다.

⑱ 용도지역

용도지역이란 토지의 이용 및 건축물의 용도, 건폐율, 용적률, 높이 등을 제한함으로써 토지를 경제적·효율적으로 이용하고 공공복리의 증진을 도모하기 위하여 서로 중복되지 아니하게 도시·군관리계획으로 결정하는 지역을 말한다.

⑲ 용도지구

용도지구란 **용도지역의 제한을 강화하거나 완화**하여 적용함으로써 용도지역의 기능을 증진시키고 경관·안전 등을 도모하기 위하여 도시·군관리계획으로 결정하는 지역을 말한다.

⑳ 용도구역

용도구역이란 **용도지역 및 용도지구의 제한을 강화하거나 완화**하여 따로 정함으로써 시가지의 무질서한 확산방지 등을 위하여 도시·군관리계획으로 결정하는 지역을 말한다.

㉑ 개발밀도관리구역

개발밀도관리구역이란 개발로 기반시설 부족이 예상되나 기반시설 설치가 **곤란**한 지역을 대상으로 건폐율·용적률을 **강화**하여 적용하기 위하여 지정하는 구역을 말한다.

㉒ 기반시설부담구역

기반시설부담구역이란 개발밀도관리구역 **외**의 지역으로서 개발로 인하여 기반시설의 설치가 필요한 지역을 대상으로 기반시설을 설치하거나 그에 필요한 용지를 확보하게 **하기 위하여** 지정·고시하는 구역을 말한다.

㉓ 기반시설설치비용

기반시설설치비용이란 단독주택 및 숙박시설 등 대통령령으로 정하는 시설의 신·증축 행위로 인하여 유발되는 기반시설을 설치하거나 그에 필요한 용지를 확보하기 위하여 부과·징수하는 금액을 말한다.

참고 기반시설부담구역에 설치가 필요한 기반시설
1. 도로(기반시설부담구역까지의 진입로 포함)
2. 공원
3. 녹지
4. 학교(「고등교육법」에 따른 학교는 제외)
5. 수도(기반시설부담구역까지 연결하는 수도를 포함)
6. 하수도(기반시설부담구역까지 연결하는 하수도를 포함)
7. 폐기물처리 및 재활용시설

제2절 | 광역도시계획

① 광역계획권

(1) 지정권자

국토교통부장관 또는 **도지사**는 인접한 둘 이상의 특별시·광역시·시·군의 관할 구역 전부 또는 일부를 광역계획권으로 지정할 수 있다.

> ① 광역계획권이 둘 이상의 시·도의 관할 구역에 걸쳐 있는 경우: 국토교통부장관이 지정
> ② 광역계획권이 도의 관할 구역에 속하여 있는 경우: 도지사가 지정

(2) 지정절차

참고 도시계획위원회의 심의
1. 국토교통부장관: 중앙도시계획위원회
2. 도지사: 지방도시계획위원회

① 광역계획권을 지정·변경하려면 관계 시·도지사, 시장·군수의 **의견**을 들은 후 도시계획위원회의 **심의**를 거쳐야 한다.
② 국토교통부장관 또는 도지사는 광역계획권을 지정하거나 변경하면 지체 없이 관계 시·도지사, 시장 또는 군수에게 그 사실을 **통보**하여야 한다.

② 광역도시계획

(1) **광역도시계획의 의의**: 광역계획권의 장기발전방향을 제시하는 계획을 말한다.

(2) **법적 성격**: 비구속적 계획이다. 따라서 행정쟁송의 대상이 아니다.

(3) **수립기준**: 국토교통부장관이 정한다.

① 특정부문 위주로 수립할 수 있도록 할 것
② 여건변화에 탄력적으로 대응할 수 있게 포괄적·개략적으로 수립하도록 할 것

(4) 수립권자

① 원칙: **국토교통부장관, 시·도지사, 시장·군수**는 다음의 구분에 따라 광역도시계획을 수립하여야 한다.
ㄱ 광역계획권이 **같은 도**의 관할구역에 속하여 있는 경우: **시장·군수**가 공동으로 수립
ㄴ 광역계획권이 **2 이상의 시·도**의 관할구역에 걸쳐 있는 경우: **시·도지사**가 공동으로 수립

　　　ⓒ 광역계획권을 지정한 날부터 3년이 지날 때까지 관할 시장·군수로부터 광역도시계획의 **승인 신청이 없는 경우**: **도지사가 수립**

　　　ⓔ **국가계획과 관련된 경우나** 광역계획권 지정한 날부터 3년 내에 **시·도지사로부터** 광역도시계획의 **승인 신청이 없는 경우**: **국토교통부장관이 수립**

　② **예외적 공동수립**

　　　㉠ 국토교통부장관은 시·도지사와 공동으로 광역도시계획을 수립할 수 있다.

　　　㉡ 도지사는 시장·군수와 공동으로 광역도시계획을 수립할 수 있으며, 시장·군수가 요청하면 도지사가 단독으로 수립할 수 있다.

⑸ 승인권자

　① 시·도지사는 광역도시계획을 수립하거나 변경하려면 국토교통부장관의 승인을 받아야 한다.

　② 시장·군수는 광역도시계획을 수립하거나 변경하려면 도지사의 승인을 받아야 한다.

참고 도지사가 광역도시계획을 수립하는 경우에는 승인을 받을 필요가 없다.

⑹ 수립·승인 절차

　① **수립**

　　　㉠ **기초조사**: 광역도시계획을 수립하거나 변경하려면 인구, 경제 등 광역도시계획의 수립·변경에 필요한 사항을 조사·측량하여야 한다.

　　　㉡ **공청회**: 광역도시계획을 수립하거나 변경하려면 미리 공청회를 열어 주민과 관계 전문가 등으로부터 의견을 들어야 한다.

　　　　ⓐ 공청회를 개최하려면 개최목적 등을 일간신문에 개최예정일 14전까지 1회 이상 공고하여야 한다.

　　　　ⓑ 공청회는 국토교통부장관, 시·도지사, 시장 또는 군수가 지명하는 사람이 주재한다.

　　　㉢ **의회의견**: 광역도시계획을 수립하거나 변경하려면 미리 관계 **시·도, 시 또는 군의 의회와** 관계 **시장 또는 군수의 의견**을 들어야 한다. 시·도, 시·군의 의회와 관계 시장·군수는 30일 이내에 의견을 제시하여야 한다.

　② **승인**

　　　㉠ 광역도시계획을 승인하려면 관계 행정기관과 **협의**한 후 도시계획위원회의 **심의**를 거쳐야 한다.

　　　㉡ 협의 요청을 받은 관계 행정기관의 장은 30일 이내에 의견을 제시하여야 한다.

참고 공청회를 개최하여야 하는 경우
1. 광역도시계획
2. 도시·군기본계획
3. 도시개발구역(100만m² 이상)
4. 농지이용계획

참고 국토교통부장관은 시·도지사에게 송부하여 간접적으로 의회의 의견청취한다.

③ **공고 · 열람**

㉠ 광역도시계획을 승인하였을 때에는 관계 행정기관의 장과 시 · 도지사(도지사가 승인하였을 때에는 시장 · 군수)에게 관계 서류를 송부하여야 한다.

㉡ 관계 서류를 받은 시 · 도지사(시장 · 군수)는 그 내용을 공고하고 일반이 30일 이상 열람할 수 있도록 하여야 한다.

참고 국토교통부장관이 광역도시계획을 수립한 경우 직접 공고하지 아니한다.

⑺ **광역도시계획의 조정**

① **시 · 도지사**는 광역도시계획 내용에 관하여 서로 협의가 되지 아니하면 공동 또는 단독으로 **국토교통부장관**에게 조정을 신청할 수 있다.

② **시장 · 군수**는 광역도시계획의 내용에 관하여 서로 협의가 되지 아니하면 공동 또는 단독으로 **도지사**에게 조정을 신청할 수 있다.

제3절 도시 · 군기본계획

⑴ **의의** : 도시 · 군기본계획이란 특별시 · 광역시 · 시 · 군의 관할 구역에 대하여 기본적인 공간구조와 장기발전방향을 제시하는 종합계획으로서 도시 · 군관리계획 수립의 지침이 되는 계획을 말한다.

⑵ **법적 성격**

① 비구속적 계획이다. 따라서 행정쟁송의 대상이 아니다.

② 도시 · 군기본계획의 내용과 광역도시계획의 내용이 다른 때 광역도시계획이 우선한다.

참고 국토교통부장관과 도지사는 도시 · 군기본계획의 수립권자가 아니다.

⑶ **수립권자** : 특별시장 · 광역시장 · 시장 · 군수는 도시 · 군기본계획을 수립하여야 한다.

⑷ **승인권자** : **시장 · 군수**는 도시 · 군기본계획을 수립 · 변경하려면 **도지사의 승인**을 받아야 한다.

참고 특별시장 · 광역시장이 도시 · 군기본계획을 수립하는 경우에는 승인을 받지 않고 직접 확정한다.

⑸ **수립의 예외** : 다음의 시 · 군은 도시 · 군기본계획을 수립하지 아니할 수 있다.

① 수도권에 속하지 않고 광역시와 경계를 같이하지 아니한 10만명 이하 시 · 군

② 관할구역 전부에 수립된 광역도시계획에 도시 · 군기본계획으로 정할 사항이 모두 포함되어 있는 시 · 군

(6) **수립기준** : 국토교통부장관이 정한다.

① 토지이용·교통·환경 등에 관한 종합계획이 되도록 할 것

② 여건변화에 탄력적으로 대응할 수 있게 포괄적·개략적으로 수립하도록 할 것

(7) **수립·승인 절차**

① **수립**

㉠ **기초조사** : 도시·군기본계획을 수립·변경하려면 인구, 경제 등 도시·군기본계획의 수립·변경에 필요한 사항을 조사·측량하여야 한다.

ⓐ 기초조사 내용에 토지적성평가와 재해취약성분석을 포함하여야 한다.

ⓑ 입안일부터 5년 이내에 실시한 경우 토지적성평가 등을 아니할 수 있다.

㉡ **공청회** : 도시·군기본계획을 수립하거나 변경하려면 미리 공청회를 열어 주민과 관계 전문가 등으로부터 의견을 들어야 한다.

ⓐ 공청회를 개최하려면 개최목적 등을 일간신문에 개최예정일 14전까지 1회 이상 공고하여야 한다.

ⓑ 공청회는 특별시장·광역시장·시장 또는 군수가 지명하는 사람이 주재한다.

㉢ **의회의견** : 도시·군기본계획을 수립하거나 변경하려면 미리 관계 **특별시·광역시·시·군의 의회**의 의견을 들어야 한다. 의회는 30일 이내에 의견을 제시하여야 한다.

② **승인·확정**

㉠ **특별시장·광역시장**은 도시·군기본계획을 수립·변경하려면 관계 행정기관과 **협의**한 후 도시계획위원회의 **심의**를 거쳐야 한다.

㉡ **도지사**는 도시·군기본계획을 승인하려면 관계 행정기관과 **협의**한 후 도시계획위원회의 **심의**를 거쳐야 한다.

㉢ 협의 요청을 받은 관계 행정기관의 장은 30일 이내에 의견을 제시하여야 한다.

③ **공고·열람**

㉠ 특별시장·광역시장은 도시·군기본계획을 수립·변경한 경우에는 관계 행정기관의 장에게 관계 서류를 송부하여야 하며, 그 계획을 공고하고 일반인이 30일 이상 열람할 수 있도록 하여야 한다.

㉡ 도지사는 도시·군기본계획을 승인하면 관계 행정기관의 장과 시장·군수에게 관계 서류를 송부하여야 하며, 시장·군수는 그 계획을 공고하고 일반인이 30일 이상 열람할 수 있도록 하여야 한다.

⑻ **타당성검토**

특별시장·광역시장·시장·군수는 5년마다 관할구역의 도시·군기본계획에 대하여 그 타당성 여부를 전반적으로 재검토하여 이를 정비하여야 한다.

⑼ **생활권계획**

① **특별시장·광역시장·시장·군수**는 생활권역별 개발·정비 및 보전 등에 필요한 경우 대통령령으로 정하는 바에 따라 생활권계획을 따로 수립할 수 있다.

② **수립절차**: 도시·군기본계획의 수립절차를 준용

③ 생활권계획이 수립 또는 승인된 때에는 해당 계획이 수립된 생활권에 대해서는 도시·군기본계획이 수립 또는 변경된 것으로 본다.

제**4**절　**도시·군관리계획**

① **법적성격**

⑴ 구속적 계획이다. 행정재송의 대상이다.

⑵ 도시·군관리계획이 광역도시계획, 도시·군기본계획에 위배되는 경우 효력은 당연무효가 아니다.

② **도시·군관리계획의 입안 및 결정**

⑴ **입안권자**

① **원칙**: **특별시장·광역시장·시장·군수**는 관할 구역에 대하여 도시·군관리계획을 입안하여야 한다.

② **예외**: 일정한 경우에는 **국토교통부장관**(수산자원보호구역은 해수부장관), **도지사**가 도시·군관리계획을 입안할 수 있다.

⑵ **결정권자**

① **원칙**: 도시·군관리계획은 **시·도지사**가 직접 또는 시장·군수의 신청에 의하여 이를 결정한다. 다만, 대도시에서는 **대도시 시장**이 직접 결정한다.

② 다음의 도시 · 군관리계획은 **시장 · 군수가 결정**한다.

　㉠ 시장 · 군수가 직접 입안한 **지구단위계획(구역)**

　㉡ 지구단위계획으로 대체하는 용도지구 폐지

③ 다음의 도시 · 군관리계획은 **국토교통부장관이 결정**한다.

　㉠ **개발제한구역**에 관한 도시 · 군관리계획

　㉡ **국토교통부장관**이 입안한 도시 · 군관리계획

　㉢ **국가계획과 연계**된 **시가화조정구역**의 지정 · 변경에 관한 도시 · 군관리계획

④ **수산자원보호구역**의 지정 · 변경에 관한 결정은 **해양수산부장관**이 결정한다.

(3) **입안의 제안**

① **제안자**: 주민(이해관계자 포함)은 ②의 사항에 대하여 도시 · 군관리계획을 입안할 수 있는 자에게 도시 · 군관리계획의 입안을 제안할 수 있다.

② **제안사항 및 토지소유자의 동의**

제안사항	동 의
㉠ 기반시설의 설치 · 정비 · 개량	5분의 4 이상
㉡ 지구단위계획(구역)	3분의 2 이상
㉢ 지구단위계획으로 대체하기 위한 용도지구	
㉣ 개발진흥지구 중 공업 · 유통물류기능의 개발진흥지구(산업 · 유통개발진흥지구) 　ⓐ 면적은 1만m^2 이상 3만m^2 미만일 것 　ⓑ 자연녹지지역 · 계획관리지역 · 생산관리지역일 것 　ⓒ 계획관리지역의 비율이 100분의 50 이상일 것	
㉤ 도시 · 군계획시설**입**체복합구역(지정 · 변경, 건축제한 · 건폐율 · 용적률 등)	5분의 4 이상

③ **형식**: 제안서에 도시 · 군관리계획도서, 계획설명서를 첨부하여야 한다.

④ **반영여부의 통보**: 제안일부터 **45일** 이내에 도시 · 군관리계획입안에의 반영여부를 제안자에게 통보하여야 한다. 다만, 부득이한 사정이 있는 경우에는 1회에 한하여 **30일**을 **연장**할 수 있다.

⑤ 입안에 반영할 것인지 여부를 결정함에 있어서 도시계획위원회의 자문을 거칠 수 있다.

⑥ 제안받은 자는 제안자와 협의하여 제안된 도시 · 군관리계획의 **입안 및 결정**에 필요한 **비용**의 전부 또는 일부를 제안자에게 부담시킬 수 있다.

참고 동의 대상 토지 면적에서 국 · 공유지는 제외한다.

참고 계획도의 축척은 1천분의 1 또는 5천분의 1

참고 도시·군관리계획 입안 및 결정 절차의 생략
1. 경미한 변경
2. 국방상 기밀(관계 중앙행정기관의 장이 요청할 때만 해당)

참고 기초조사 등을 아니할 수 있는 요건
1. 나대지면적이 구역면적의 2퍼센트에 미달하는 경우
2. 입안일부터 5년 이내에 토지적성평가를 실시한 경우 등

(4) 입안기준

① 입안할 때에는 도시·군관리계획도서(계획도와 계획조서)와 계획설명서를 작성하여야 한다.

② 도시·군관리계획의 **수립기준** 등은 **국토교통부장관**이 정한다.

(5) 입안·결정 절차

① **입안**

㉠ **기초조사**: 도시·군관리계획을 입안하는 경우에는 인구, 경제 등 도시·군관리계획의 입안·변경에 필요한 사항을 조사·측량하여야 한다.

ⓐ 기초조사의 내용에 **환경성 검토, 토지적성평가, 재해취약성분석**을 포함하여야 한다.

ⓑ 도심지에 위치하거나 개발이 끝나 나대지가 없는 등 일정한 경우 기초조사, 환경성 검토, 토지적성평가 또는 재해취약성분석을 하지 아니할 수 있다.

㉡ **주민의견**: 도시·군관리계획을 입안할 때에는 주민의 의견을 들어야 한다.

ⓐ 2 이상의 일간신문과 홈페이지 등에 공고하고, 14일 이상 일반이 열람할 수 있도록 하여야 한다.

ⓑ 열람기간내에 의견서를 제출할 수 있다.

ⓒ 반영여부를 열람기간 종료된 날부터 60일 이내에 통보하여야 한다.

ⓓ 재공고·열람 ← 반영되는 의견이 중요한 사항인 경우

㉢ **의회의견**: 도시·군관리계획을 입안하려면 해당 지방의회의 의견을 들어야 한다.

ⓐ **의견청취사항**: **용도지역·용도지구·용도구역, 기반시설**

ⓑ 지방의회는 명시된 기한까지 의견을 제시

② **결정**

㉠ **협의**: 도시·군관리계획을 결정하려면 관계 행정기관의 장과 미리 협의하여야 한다. 협의 요청을 받은 기관의 장은 그 요청을 받은 날부터 30일 이내에 의견을 제시하여야 한다.

㉡ **심의**: 도시·군관리계획을 결정하려면 도시계획위원회의 심의를 거쳐야 한다. **지구단위계획**을 결정하려면 건축위원회와 도시계획위원회가 **공동**으로 하는 **심의**를 거쳐야 한다.

㉢ 국토교통부장관, 시·도지사, 대도시 시장은 도시·군관리계획을 결정하면 그 결정을 고시여야 한다.

③ **송부 · 열람**: 관계 서류를 특별시장 · 광역시장 · 시장 · 군수에게 송부하여 일반이 열람할 수 있도록 하여야 한다.

참고 결정 · 고시된 도시 · 군관리계획의 열람은 기간제한이 없다.

③ 도시 · 군관리계획의 효력

(1) 효력발생시기

도시 · 군관리계획 결정의 효력은 **지형도면을 고시한 날부터** 발생한다.

참고 지형도면: 지적(地籍)이 표시된 지형도에 도시 · 군관리계획에 관한 사항을 자세히 밝힌 도면

(2) 기득권보호

① **원칙**: 도시 · 군관리계획 결정 **당시** 이미 사업 · 공사에 **착수한** 자는 도시 · 군관리계획 결정에 **관계없이** 그 사업 · 공사를 **계속할 수 있다.**

② **예외**: **시가화조정구역**이나 **수산자원보호구역**의 지정에 관한 도시 · 군관리계획 결정이 있는 경우에는 **3개월** 이내에 특별시장 · 광역시장 · 시장 · 군수에게 **신고**하고 그 사업이나 공사를 계속할 수 있다.

참고 도시개발구역, 정비구역이 지정된 경우: 30일 이내에 신고하고 계속할 수 있다.

(3) 지형도면의 작성 · 고시

① **작성자**
   ㉠ 원칙: 특별시장 · 광역시장 · 시장 · 군수는 도시 · 군관리계획 결정이 고시되면 지형도면을 작성하여야 한다.
   ㉡ 예외: 국토교통부장관(수산자원보호구역은 해양수산부장관), 도지사는 도시 · 군관리계획을 직접 입안한 경우에는 직접 지형도면을 작성할 수 있다.

② **지형도면의 승인**: **시장**(대도시 시장은 제외)이나 **군수**는 지형도면을 작성하면 **도지사의 승인**을 받아야 한다. 도지사는 30일 내에 승인하여야 한다.

참고 지구단위계획에 대한 지형도면은 승인을 받지 아니한다.

③ **지형도면의 고시**: 국토교통부장관, 시 · 도지사 또는 대도시 시장은 직접 지형도면을 작성하거나 지형도면을 승인한 경우에는 이를 고시하여야 한다.

(4) 타당성검토

① 특별시장 · 광역시장 · 시장 · 군수는 **5년**마다 도시 · 군관리계획에 대하여 그 **타당성** 여부를 전반적으로 재**검토**하여 이를 정비하여야 한다.

② ①에 따라 도시 · 군관리계획을 정비하는 경우 3년 내 시행되지 아니한 도시 · 군계획시설결정의 타당성을 검토하여 그 결과를 입안에 반영하여야 한다.

참고 5년마다 타당성검토
1. 도시 · 군기본계획
2. 도시 · 군관리계획
3. 성장관리계획
4. 정비기본계획
5. 기본방침
6. 리모델링기본계획

💡 반기마다 재검토: 투기과열지구
💡 반기마다 재검토: 조정대상지역

제5절 **공간재구조화계획**

① 공간재구조화계획의 목적 및 내용

(1) 공간재구조화계획의 목적

다음의 용도구역을 지정하고 해당 용도구역에 대한 계획을 수립하기 위하여 공간재구조화계획을 입안하여야 한다.

> ① 도시혁신구역 및 도시혁신계획
> ② 복합용도구역 및 복합용도계획
> ③ 도시·군계획시설입체복합구역(① 또는 ②와 함께 구역을 지정하거나 계획을 입안하는 경우로 한정)

(2) 공간재구조화계획의 내용

공간재구조화계획에는 다음의 사항을 포함하여야 한다.

> ① 용도구역 지정 위치 및 용도구역에 대한 계획 등에 관한 사항
> ② 그 밖에 용도구역을 지정함에 따라 인근 지역의 주거·교통·기반시설 등에 미치는 영향 등 대통령령으로 정하는 사항

② 공간재구조화계획의 입안 및 결정

(1) 입안권자

> ① **원칙**: 특별시장·광역시장·시장·군수
> ② **예외**: 국토교통부장관, 도지사

(2) 결정권자

> ① **원칙**: 공간재구조화계획은 **시·도지사**가 직접 또는 시장·군수의 신청에 따라 결정한다.
> ② **예외**: **국토교통부장관**이 입안한 공간재구조화계획은 국토교통부장관이 결정한다.

(3) 공간재구조화계획 입안의 제안

> ① **제안자**: 주민(이해관계자 포함)은 ②의 용도구역 지정을 위하여 공간재구조화계획 입안권자에게 공간재구조화계획의 입안을 제안할 수 있다.

② **제안사항 및 토지소유자의 동의**

참고 동의 대상 토지 면적에서 국·공유지는 제외한다.

제안사항	동 의
㉠ 도시혁신구역의 지정	3분의 2 이상
㉡ 복합용도구역의 지정	
㉢ 도시·군계획시설입체복합구역의 지정(㉠ 또는 ㉡와 함께 구역을 지정하거나 계획을 입안하는 경우로 한정)	5분의 4 이상

③ **형식**: 제안서에는 공간재구조화계획도서와 계획설명서를 첨부하여야 한다.

④ **제3자 제안을 위한 공고**: **국·공유재산**의 면적이 용도구역 면적의 **100분의 50**을 초과하는 경우 제안자 외의 **제3자에 의한 제안**이 가능하도록 제안 내용의 개요를 **공고**하여야 한다(90일 이상의 기간을 정하여 제안 내용의 개요를 공고).

⑤ **반영여부의 통보**: 제안일부터 **45일** 이내에 공간재구조화계획 입안에의 반영 여부를 제안자에게 통보해야 한다. 다만, 부득이한 사정이 있는 경우에는 1회에 한정하여 **30일을 연장**할 수 있다.

⑥ 입안에 반영할 것인지 여부를 결정함에 있어서 도시계획위원회의 자문을 거칠 수 있다.

⑦ 공간재구조화계획 입안권자는 제안자 또는 제3자와 협의하여 제안된 공간재구조화계획의 **입안** 및 **결정**에 필요한 **비용**의 전부 또는 일부를 제안자 또는 제3자에게 **부담시킬 수 있다.**

(4) 입안기준

① 공간재구조화계획도서(계획도와 계획조서) 및 이를 보조하는 계획설명서를 작성하여야 한다.

② 공간재구조화계획의 입안범위와 기준, 공간재구조화계획도서 및 계획설명서의 작성기준·작성방법 등은 국토교통부장관이 정한다.

(5) 입안·결정 절차

① **입안**

㉠ 도시군관리계획의 입안절차를 준용: 기초조사 ─ 주민의견 ─ 의회의견

㉡ 기초조사, 환경성 검토, 토지적성평가 또는 재해취약성분석은 공간재구조화계획 입안일부터 5년 이내 기초조사를 실시한 경우 등 대통령령으로 정하는 바에 따라 생략할 수 있다.

참고 기초조사 등을 아니할 수 있는 요건
1. 나대지면적이 구역면적의 2퍼센트에 미달하는 경우
2. 입안일부터 5년 이내에 기초조사를 실시한 경우 등

② **결정**

　　　㉠ **협의**: 공간재구조화계획을 결정하려면 미리 관계 행정기관의 장과 협의하여야 한다. 협의 요청을 받은 기관의 장은 그 요청을 받은 날부터 30일(도시혁신구역의 경우에는 근무일 기준으로 10일) 이내에 의견을 제시하여야 한다.

　　　㉡ **심의**: 중앙도시계획위원회 또는 지방도시계획위원회의 심의를 거쳐야 한다.

　　　㉢ 국토교통부장관, 시·도지사는 공간재구조화계획을 결정하면 그 결정을 고시여야 한다.

③ **송부·열람**: 관계 서류를 특별시장·광역시장·시장·군수에게 송부하여 일반이 열람할 수 있도록 하여야 한다.

> **참고** 중앙도시계획위원회의 심의사항
> 1. 국토교통부장관이 결정하는 계획
> 2. 용도구역 지정 및 입지 타당성 등에 관한 사항

③ 공간재구조화계획 결정의 효력

(1) 효력발생시기

공간재구조화계획 결정의 효력은 **지형도면을 고시한 날부터** 발생한다.

(2) 도시·군관리계획 의제

① 공간재구조화계획 결정의 고시를 한 경우에 고시한 내용에 따라 도시·군기본계획의 수립·변경과 도시·군관리계획의 결정·고시를 한 것으로 본다.

② 고시된 공간재구조화계획의 내용은 도시·군계획으로 관리하여야 한다.

> **참고** 도시·군기본계획 중 인구의 배분 등의 의제: 인구의 배분에 관한 계획을 전체 인구 규모의 5퍼센트 미만의 범위에서 변경하는 경우로 한정한다.

(3) 기득권보호

지형도면을 고시를 할 **당시에** 이미 사업이나 공사에 **착수한** 자는 그 공간재구조화계획 결정과 **관계없이** 그 사업이나 공사를 **계속할 수 있다.**

(4) 지형도면의 작성·고시

도시·군관리계획의 지형도면 고시에 관한 규정을 준용한다.

제6절 | **용도지역 · 용도지구 · 용도구역**

① **지역 · 지구 · 구역제의 비교**

구분	용도지역	용도지구	용도구역
지정 목적	토지의 경제적 · 효율적 이용	용도지역의 기능증진, 경관 · 안전 등 도모	무질서한 확산방지, 단계적 토지이용, 토지이용의 종합조정
지정 효과	건축물의 용도, 건폐율, 용적률 등을 제한	용도지역에 의한 제한을 완화 또는 강화	용도지역 · 지구에 의한 제한을 완화 또는 강화
범위	전국	일부지역	일부지역
중복	×	○	×

② **용도지역**

(Ⅰ) **용도지역의 지정**

국토교통부장관, 시 · 도지사 또는 대도시 시장은 용도지역의 지정 또는 변경을 도시 · 군관리계획으로 결정한다.

용도지역의 구분			지정목적
도시지역			인구 · 산업 밀집
	주거지역		거주 안녕과 건전한 생활환경의 보호
		전용주거지역	양호한 주거환경을 보호
		제1종전용주거지역	단독주택 중심
		제2종전용주거지역	공동주택 중심
		일반주거지역	편리한 주거환경을 조성
		제1종일반주거지역	저층주택(4층 이하, 단지형은 5층) 중심
		제2종일반주거지역	중층주택 중심
		제3종일반주거지역	중고층주택 중심
		준주거지역	주거기능 위주, 상업 · 업무기능 보완

상업지역		상업 그 밖의 업무의 편익증진
	중심상업지역	도심·부도심의 업무 및 상업기능
	일반상업지역	일반적 상업 및 업무기능
	근린상업지역	근린지역에서 일용품·서비스의 공급
	유통상업지역	도시내 및 지역간 유통기능
공업지역		공업의 편익증진
	전용공업지역	중화학·공해성 공업
	일반공업지역	환경을 저해하지 아니하는 공업
	준공업지역	경공업 수용, 주거·상업·업무기능 보완
녹지지역		자연환경·농지·산림보호, 보건위생, 보안, 도시확산방지
	보전녹지지역	도시의 자연환경·경관·산림·녹지공간을 보전
	생산녹지지역	주로 농업적 생산을 위하여 개발 유보
	자연녹지지역	도시 녹지공간 확보, 도시확산방지, 도시용지 공급, 제한적 개발
관리지역		도시지역·농림지역·자연환경보전지역에 준하여 관리
	보전관리지역	자연환경보전지역으로 지정하여 관리하기가 곤란
	생산관리지역	농림지역으로 지정하여 관리하기가 곤란
	계획관리지역	도시지역으로의 편입이 예상되는 지역, 제한적인 이용·개발
농림지역		농림업의 진흥과 산림의 보전을 위하여 필요한 지역
자연환경보전지역		자연환경·수자원·해안·국가유산 등 보전, 수산자원 보호·육성

💡 시·도지사 또는 대도시 시장은 도시·군계획조례로 정하는 바에 따라 도시·군관리계획결정으로 주거지역·상업지역·공업지역·녹지지역을 추가적으로 세분하여 지정할 수 있다.

◈ 용도지역 개념도

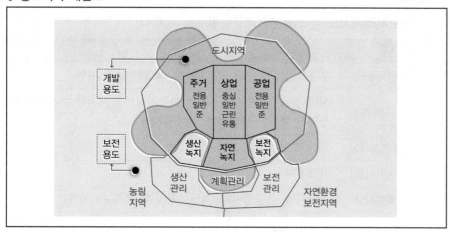

(2) 용도지역의 지정특례

① 공유수면(바다) 매립지

㉠ 매립 목적이 이웃하고 있는 용도지역의 내용과 **같으면** 도시·군관리계획의 입안 및 결정 절차 없이 그 매립준공구역은 그 매립의 준공인가일부터 이와 이웃하고 있는 용도지역으로 **지정된 것으로 본다.** 이 경우 관계 특별시장·광역시장·시장·군수는 그 사실을 지체 없이 고시하여야 한다.

㉡ 매립목적과 인접 용도가 다르거나 2 이상의 용도에 접한 경우 → 도시·군관리계획 결정

② 도시지역 의제 : 다음의 구역 등은 도시지역으로 결정·고시된 것으로 본다.

㉠ 항만구역으로서 도시지역에 연접한 공유수면

㉡ 어항구역으로서 도시지역에 연접한 공유수면

㉢ 국가산업단지, 일반산업단지, 도시첨단산업단지

㉣ 택지개발지구

㉤ 전원개발사업구역 및 예정구역(수력발전소, 송·변전설비만 설치하는 경우 제외)

③ 관리지역 특례

㉠ 관리지역에서 농업진흥지역으로 지정·고시된 지역은 농림지역으로 결정·고시된 것으로 본다.

㉡ 관리지역의 산림 중 산지관리법에 따라 보전산지로 지정·고시된 지역은 그 고시에서 구분하는 바에 따라 농림지역 또는 자연환경보전지역으로 결정·고시된 것으로 본다.

참고 택지개발지구는 도시지역에 연접하지 않아도 도시지역으로 지정이 의제된다.

⑶ 용도지역별 행위제한

참고 4층 이하로 층수가 제한
되는 지역
1. 제1종일반주거지역
2. 녹지지역(보전, 생산, 자연)
3. 관리지역(계획, 생산, 보전)
4. 자연취락지구

① **용도지역에서의 건축제한**: 대통령령으로 정한다.

건축물 용도	건축이 가능한 용도지역
단독주택	유통상업지역, 전용공업지역 을 제외한 모든 지역
아파트	제1종전용주거지역과 제1종일반주거지역을 제외한 주거지역, 유통상업을 제외한 상업지역, 준공업지역
종교집회장	모든 지역
위락시설	상업지역
숙박시설	상업지역, 준공업지역, 자연녹지지역, 계획관리지역

참고 건폐율: 대지면적에 대한
건축면적의 비율(건폐율 = 건축면
적 ÷ 대지면적 × 100)

참고 용적률: 대지면적에 대한
연면적의 비율(용적률 = 연면적 ÷
대지면적 × 100)

② **용도지역별 건폐율과 용적률**: 다음의 범위안에서 특별시·광역시·시·군의 도시·군계획조례가 정하는 비율을 초과하여서는 아니된다.

용도지역				건폐율(이하)	용적률(이하)
도시지역	주거지역	전용주거지역	제1종전용주거지역	50%	100%
			제2종전용주거지역	50%	150%
		일반주거지역	제1종일반주거지역	60%	200%
			제2종일반주거지역	60%	250%
			제3종일반주거지역	50%	300%
		준주거지역		70%	500%
	상업지역	중심상업지역		90%	1500%
		일반상업지역		80%	1300%
		근린상업지역		70%	900%
		유통상업지역		80%	1100%
	공업지역	전용공업지역		70%	300%
		일반공업지역		70%	350%
		준공업지역		70%	400%
	녹지지역	보전녹지지역		20%	80%
		생산녹지지역		20%	100%
		자연녹지지역		20%	100%

관리지역	보전관리지역	20%	80%
	생산관리지역	20%	80%
	계획관리지역	40%	100%
농림지역		20%	80%
자연환경보전지역		20%	80%

(4) 용도지역별 행위제한의 특례

① 용도지역 미지정·미세분 지역에서의 행위제한

㉠ 도시지역, 관리지역, 농림지역 또는 자연환경보전지역으로 용도가 **지정되지 아니한** 지역에 대하여는 용도지역별 건축제한 등의 규정을 적용할 때에 자연환경보전지역에 관한 규정을 적용한다.

㉡ 도시지역이 세부 용도지역으로 **지정되지 아니한** 경우에는 용도지역별 건축제한 등의 규정을 적용할 때에 **보전녹지지역**에 관한 규정을 적용한다.

㉢ 관리지역이 세부 용도지역으로 **지정되지 아니한** 경우에는 용도지역별 건축제한 등의 규정을 적용할 때에 **보전관리지역**에 관한 규정을 적용한다.

② 특정지역에서의 건폐율·용적률

구 분	건폐율	용적률
취락지구	60%	–
도시지역 외의 지역에 지정된 개발진흥지구	40%	100%
수산자원보호구역	40%	80%
자연공원	60%	100%
농공단지	70%	150%
국가·일반·도시첨단산업단지	80%	–

> **참고** 개발진흥지구의 건폐율
> 1. 도시지역 외의 지역에 지정된 개발진흥지구 : 40%
> 2. 계획관리지역에 지정된 산업·유통개발진흥지구 : 60%
> 3. 자연녹지지역에 지정된 개발진흥지구의 건폐율 : 30%

③ 도시지역에서의 적용배제 : 도시지역에 대하여는 다음의 법률의 규정을 적용하지 아니한다.

㉠ 도로법에 의한 접도구역

㉡ 농지취득자격증명. 단, 녹지지역에서는 적용

④ 용적률 완화의 중첩 적용 : 이 법 및 다른 법률에 따른 완화 규정을 다음에 따른 범위에서 중첩하여 적용할 수 있다.

㉠ 지구단위계획구역 : 지구단위계획으로 정하는 범위

㉡ 지구단위계획구역 외 : 용도지역별 용적률 최대한도의 120퍼센트 이하

③ 용도지구

(1) **용도지구의 지정**: 국토교통부장관, 시·도지사 또는 대도시 시장은 용도지구의 지정 또는 변경을 도시·군관리계획으로 결정한다.

① 용도지구의 종류 및 세분

용도지구	내 용
경관지구	경관의 보전·관리·형성
자연경관지구	산지·구릉지 등 자연경관
시가지경관지구	주거지·중심지 등 시가지의 경관
특화경관지구	수변 또는 문화적 보존가치가 큰 건축물 주변의 경관 등 특별한 경관
취락지구	취락의 정비
자연취락지구	녹지지역 등의 취락
집단취락지구	개발제한구역 안의 취락
보호지구	국가유산 등의 보호·보존
역사문화환경보호지구	문화적 보존가치가 큰 시설 및 지역 보호
중요시설물보호지구	중요시설물(항만·공항·공용·교정·군사) 보호
생태계보호지구	생태적으로 보존가치가 큰 지역 보호
고도지구	건축물 높이의 최고한도
복합용도지구	특정시설의 입지 완화
특정용도제한지구	특정시설의 입지 제한
방화지구	화재의 위험 예방
방재지구	풍수해 등의 재해 예방
시가지방재지구	인구밀집지역, 시설개선으로 재해예방
자연방재지구	해안변 등, 건축제한으로 재해예방
개발진흥지구	주거 등의 기능을 집중적으로 개발·정비
주거개발진흥지구	주거기능 중심
산업·유통개발진흥지구	공업 및 유통·물류기능 중심
관광·휴양개발진흥지구	관광·휴양기능 중심
복합개발진흥지구	2 이상의 기능 중심
특정개발진흥지구	주거, 공업 등의 기능 이외의 기능 중심

💡 복합용도지구의 지정

㉠ 지정대상: **일반주거·일반공업·계획관리지역**

㉡ 지정범위: 해당 용도지역 면적의 1/3 이하

② 시·도, 대도시의 조례로 용도지구를 신설할 수 있다.

③ 시·도 또는 대도시의 도시·군계획조례로 정하는 바에 따라 **경관지구(특화**경관지구의 세분을 포함)를 추가적으로 세분하거나 **중요시설물보호지구 및 특정용도제한지구를 세분**하여 지정할 수 있다.

(2) **용도지구별 행위제한**: 특별시·광역시·시·군의 조례로 정할 수 있다.

① **경관지구**: 도시·군계획조례가 정하는 건축물을 건축할 수 없다.

② **취락지구**: 대통령령으로 따로 정한다.

  ㉠ 자연취락지구: 국토계획법 시행령

  ㉡ 집단취락지구: **개발제한구역의 지정 및 관리에 관한 특별조치법**

③ **보호지구**: 도시·군계획조례가 정하는 건축물에 한하여 건축할 수 있다.

④ **고도지구**: 도시·군관리계획으로 정하는 높이를 초과하는 건축물을 건축할 수 없다.

⑤ **복합용도지구**: 대통령령으로 따로 정한다(용도지역에서 허용되는 건축물 외에 도시·군계획조례가 정하는 건축물을 건축할 수 있다).

⑥ **특정용도제한지구**: 도시·군계획조례가 정하는 건축물을 건축할 수 없다.

⑦ **방화지구**: 건축법

⑧ **방재지구**: 도시·군계획조례가 정하는 건축물을 건축할 수 없다.

⑨ **개발진흥지구**: 대통령령으로 따로 정한다.

  ㉠ 지구단위계획 또는 개발계획을 수립하는 개발진흥지구: 지구단위계획 또는 개발계획에 위반하여 건축할 수 없다.

  ㉡ 지구단위계획 또는 개발계획을 수립하지 아니하는 개발진흥지구: 용도지역에서 허용되는 건축물을 건축할 수 있다.

④ 용도구역

(1) 개발제한구역

① **지정목적**: (i) 도시의 무질서한 **확산방지**, (ii) 도시주변의 자연환경 보전, (iii) 도시민의 건전한 생활환경 확보, (iv) **보안상** 도시개발 제한

② **지정권자**: **국토교통부장관**은 개발제한구역의 지정·변경을 도시·군관리계획으로 결정할 수 있다.

③ 개발제한구역의 지정·변경, 행위제한은 따로 법률로 정한다.

참고 용도지구의 신설: 행위제한을 완화하는 신설은 허용되지 않는다.

참고 리모델링을 위한 완화: 경관지구, 고도지구

참고 용도지구의 행위제한을 대통령령으로 따로 정한다.
1. 개발진흥지구
2. 복합용도지구
3. 취락지구

(2) 도시자연공원구역

① **지정목적**: 도시의 **자연환경·경관** 보호, 도시민의 건전한 **여가·휴식공간**을 제공하기 위하여 도시안의 식생이 양호한 산지의 개발제한

② **지정권자**: **시·도지사** 또는 **대도시시장**은 도시자연공원구역의 지정·변경을 도시·군관리계획으로 결정할 수 있다.

③ 도시자연공원구역의 지정·변경, 행위제한은 따로 법률로 정한다.

(3) 시가화조정구역

참고 보안상 필요에 따라 개발을 제한하는 것은 시가화조정구역의 지정목적이 아니다.

① **지정목적**: 도시지역과 그 주변지역의 **무질서한 시가화를 방지**하고 계획적·단계적인 개발을 도모

② **지정권자**

ㄱ 원칙: **시·도지사**는 시가화조정구역의 지정·변경을 도시·군관리계획으로 결정할 수 있다.

ㄴ 예외: 국가계획과 연계하여 시가화조정구역의 지정·변경이 필요한 경우에는 **국토교통부장관**

③ **시가화 유보기간**: **5년 이상 20년 이내의 기간**

④ 시가화조정구역의 지정에 관한 도시·군관리계획의 결정은 시가화 유보기간이 끝난 날의 다음날부터 그 효력을 잃는다.

참고 실효고시는 해제사실을 알리는 확인적 의미만 있고, 효력상실의 요건은 아니다.

⑤ 국토교통부장관 또는 시·도지사는 실효사실을 고시하여야 한다.

참고 시가화조정구역안에서는 경미한 행위라도 허가를 받아야 한다.

⑥ **행위제한**: 일부행위는 허가를 받아 할 수 있다.

(4) 수산자원보호구역

① **지정대상**: 수산자원의 보호·육성을 위하여 필요한 공유수면 또는 인접 토지

② **지정권자**: 해양수산부장관은 수산자원보호구역의 지정·변경을 도시·군관리계획으로 결정할 수 있다.

③ **행위제한**: 수산자원관리법으로 정하는 바에 따른다.

(5) 도시혁신구역

① **도시혁신구역의 지정**

ㄱ 지정권자: 공간재구조화계획 결정권자(국토교통부장관, 시·도지사)

ㄴ 지정대상: 다음의 어느 하나에 해당하는 지역을 도시혁신구역으로 지정할 수 있다.

ⓐ 도시·군기본계획에 따른 도심·부도심 또는 생활권의 중심지역

ⓑ 주요 기반시설과 연계하여 지역의 거점 역할을 수행할 수 있는 지역

ⓒ 그 밖에 도시공간의 창의적이고 혁신적인 개발이 필요하다고 인정되는 경우로서 대통령령으로 정하는 지역

　• **유휴토지** 또는 대규모 시설의 이전부지

　• 시·도의 도시·군계획조례로 정하는 지역

② **도시혁신계획의 내용**: 다음에 관한 사항이 포함되어야 한다.

　㉠ 용도지역·용도지구, 도시·군계획시설 및 지구단위계획의 결정에 관한 사항

　㉡ 주요 기반시설의 확보에 관한 사항

　㉢ 건축물의 건폐율·용적률·높이에 관한 사항 등

③ **도시혁신구역의 지정 및 변경과 도시혁신계획의 결정**

　㉠ 도시혁신구역의 지정 및 변경과 도시혁신계획은 **공간재구조화계획으로 결정**한다.

　㉡ **다른 법률**에서 공간재구조화계획의 결정을 의제하고 있는 경우에도 이 법에 따르지 아니하고 도시혁신구역의 지정과 도시혁신계획을 **결정할 수 없다.**

　㉢ 공간재구조화계획을 결정하기 위하여 관계 행정기관의 장과 협의하는 경우 협의 요청을 받은 기관의 장은 그 요청을 받은 날부터 10일(근무일 기준) 이내에 의견을 회신하여야 한다.

④ **행위제한**: 도시혁신계획으로 **따로** 정한다.

⑤ **도시혁신구역에서의 건축 등**: 도시혁신계획에 맞게 하여야 한다(일정 기간 내 철거가 예상되는 가설건축물은 제외).

⑥ **실효**: 지구단위계획구역 및 지구단위계획의 실효에 관한 규정을 준용

⑦ **특별건축구역 지정의제**: 도시혁신구역으로 지정된 지역은 「건축법」에 따른 **특별건축구역으로** 지정된 것으로 본다.

⑧ **적용 특례**: 도시혁신구역에 대하여는 다음의 법률 규정에도 불구하고 도시혁신계획으로 **따로 정할 수 있다.**

　㉠ 「학교용지 확보 등에 관한 특례법」에 따른 **학교용지**의 조성·개발 기준

　㉡ 「주택법」에 따른 주택의 배치, 부대시설·복리시설의 설치기준 및 대지조성기준

　㉢ 「문화예술진흥법」에 따른 건축물에 대한 **미술작품**의 설치

　㉣ 「건축법」에 따른 공개 공지 등의 확보

　㉤ 「주차장법」에 따른 부설주차장의 설치

　㉥ 「도시공원 및 녹지 등에 관한 법률」에 따른 도시공원 또는 녹지 확보기준

⑹ **복합용도구역**

① **복합용도구역의 지정**

㉠ 지정권자: 공간재구조화계획 결정권자

㉡ 지정대상: 다음의 어느 하나에 해당하는 지역을 복합용도구역으로 지정할 수 있다.

ⓐ 산업구조 또는 경제활동의 변화로 **복합적** 토지이용이 필요한 지역

ⓑ 노후 건축물 등이 밀집하여 단계적 **정비**가 필요한 지역

ⓒ 그 밖에 복합된 공간이용을 촉진하고 다양한 도시공간을 조성하기 위하여 계획적 관리가 필요하다고 인정되는 경우로서 대통령령으로 정하는 지역

• 복합용도구역으로 지정하려는 지역이 둘 이상의 용도지역에 걸치는 경우로서 토지를 효율적으로 이용하기 위해 건축물의 용도, 종류 및 규모 등을 **통합적**으로 관리할 필요가 있는 지역

• 시·도의 도시·군계획조례로 정하는 지역

② **복합용도계획의 내용**: 다음에 관한 사항이 포함되어야 한다.

㉠ 용도지역·용도지구, 도시·군계획시설 및 지구단위계획의 결정에 관한 사항

㉡ 주요 기반시설의 확보에 관한 사항

㉢ 건축물의 용도별 복합적인 배치비율 및 규모, 건폐율·용적률·높이 등에 관한 사항 등

③ 복합용도구역의 지정 및 변경과 복합용도계획은 **공간재구조화계획으로 결정**한다.

④ **행위제한**: 건축물이나 그 밖의 시설의 용도·종류 및 규모 등의 제한에 관하여 **도시지역**에서 허용되는 범위에서 **복합용도계획으로 따로** 정한다.

⑤ **복합용도구역에서의 건축 등**: 복합용도계획에 맞게 하여야 한다(일정 기간 내 철거가 예상되는 가설건축물은 제외).

⑥ **실효**: 지구단위계획구역 및 지구단위계획의 실효에 관한 규정을 준용

⑦ **특별건축구역 지정의제**: 복합용도구역으로 지정된 지역은 「건축법」에 따른 **특별건축구역**으로 지정된 것으로 본다.

⑺ **도시·군계획시설입체복합구역**

① **도시·군계획시설입체복합구역의 지정**

㉠ 지정권자: **도시·군관리계획의 결정권자**

ⓛ 지정대상: 다음의 어느 하나에 해당하는 경우에 도시·군계획시설이 결정된 토지의 전부 또는 일부를 도시·군계획시설입체복합구역(입체복합구역)으로 지정할 수 있다.

　ⓐ 도시·군계획시설 준공 후 10년이 경과한 경우로서 해당 시설의 개량 또는 정비가 필요한 경우

　ⓑ 주변지역 정비 또는 지역경제 활성화를 위하여 기반시설의 복합적 이용이 필요한 경우

　ⓒ 첨단기술을 적용한 새로운 형태의 기반시설 구축 등이 필요한 경우

　ⓓ 그 밖에 효율적이고 복합적인 도시·군계획시설의 조성을 위하여 필요한 경우로서 대통령령으로 정하는 경우

② **입체복합구역의 행위제한**

　㉠ 대통령령으로 정하는 범위에서 따로 정할 수 있다.

건축제한	건폐율	용적률	건축물 높이
• 도시지역: 도시지역에서 허용되는 범위 • 도시지역 외: 계획관리지역에서 허용되는 범위	150%	200%	• 가로구역별 높이: 150% • 채광 확보를 위한 공동주택 높이: 200%

　㉡ ㉠에 따라 정할 수 있는 건폐율과 용적률: 용도지역별 최대한도의 200퍼센트 이하로 한다.

⑤ 행위제한의 특례

(1) 도시·군계획시설에 대한 특례

용도지역·지구 안에서 도시·군계획시설에 대하여는 용도지역·지구 안에서의 건축제한 등의 규정을 적용하지 아니한다.

(2) 2 이상의 용도에 걸치는 토지에 대한 적용기준

① **원칙**: 대지가 둘 이상의 용도지역·지구·구역에 걸치는 경우로서 가장 작은 부분의 규모가 $330m^2$ 이하인 경우(도로변, 띠모양, 상업지역: $660m^2$)

　㉠ 건폐율·용적률: 가중평균 값을 대지 전체에 적용

　㉡ 기타 건축제한: 가장 넓은 지역의 규정을 적용

② **건축물이 고도지구에 걸치는 경우**: 건축물 및 대지 전부에 대하여 적용한다.

③ 건축물이 방화지구에 걸치는 경우 : 건축물 전부에 대하여 적용한다. 다만, 방화벽으로 구획되는 경우 방화지구 밖은 그러하지 아니하다.

④ 하나의 대지가 녹지지역과 그 밖의 용도지역 · 지구 · 구역에 걸치는 경우 : 각각 적용한다. 다만, 녹지지역의 건축물이 고도지구 또는 방화지구에 걸쳐 있는 경우에는 ②, ③의 규정을 따른다.

제7절 **도시 · 군계획시설**

① 도시 · 군계획시설의 설치 및 관리

(1) **도시 · 군계획시설의 설치**

① **원칙** : 지상 · 수상 · 공중 · 수중 · 지하에 기반시설을 설치하려면 그 시설의 종류 · 명칭 · 위치 · 규모 등을 **미리 도시 · 군관리계획으로 결정**하여야 한다.

② **예외** : 주차장, 시장 등 일정한 기반시설은 도시 · 군관리계획 결정 없이 설치할 수 있다.

③ 효율적인 토지이용을 위하여 둘 이상의 도시 · 군계획시설을 같은 토지에 함께 결정하거나 도시 · 군계획시설이 위치하는 공간의 일부를 구획하여 도시 · 군계획시설을 결정할 수 있다.

(2) **도시 · 군계획시설의 관리**

① **국가가 관리하는 경우** : 대통령령으로 정한다(국유재산법에 의한 중앙관서의 장이 관리).

② **지방자치단체가 관리하는 경우** : 조례로 관리에 관한 사항을 정한다.

③ 도시 · 군계획시설의 결정 · 구조 및 **설치의 기준** 등에 필요한 사항은 **국토교통부령으로** 정한다.

(3) **공동구의 설치**

① **공동구 설치의무** : 200만m^2 초과 도시개발구역 등

② **공동구 안전 및 유지관리계획** : 5년 마다 수립 · 시행

③ **공동구협의회의 심의를 거쳐 수용할 수 있는 시설** : 가스관, 하수도관

(4) 광역시설의 설치 · 관리

① **원칙**: 도시 · 군계획시설의 설치 · 관리에 관한 규정에 의한다.

② 특별시장 · 광역시장 · 시장 · 군수가 **협약**을 체결하거나 **협의회**를 구성하여 광역시설을 설치 · 관리할 수 있다.

③ 국가계획으로 설치하는 광역시설은 **법인**이 설치 · 관리할 수 있다.

② 도시 · 군계획시설사업

(1) 단계별 집행계획

① **수립권자**

   ㉠ 원칙: 특별시장 · 광역시장 · 시장 · 군수이 수립하여야 한다.

   ㉡ 예외: 국토교통부장관 또는 도지사가 수립하여 특별시장 · 광역시장 · 시장 · 군수에게 송부할 수 있다.

② **수립시기**: 도시 · 군계획시설결정의 고시일부터 3개월 이내에 수립하여야 한다. 도시 · 군관리계획의 의제 등 일정한 경우 2년 이내에 수립할 수 있다.

③ **수립절차**

   ㉠ 관계 행정기관의 장과 협의하여야 하며, 지방의회의 의견을 들어야 한다.

   ㉡ 특별시장 · 광역시장 · 시장 · 군수는 공고하여야 한다.

④ **계획의 구분**: 1단계와 2단계로 구분

   ㉠ 3년 이내에 시행하는 사업은 제1단계, 3년 후에 시행하는 사업은 제2단계

   ㉡ 매년 제2단계 집행계획을 검토

(2) 시행자

① **원칙**: 특별시장 · 광역시장 · 시장 · 군수는 관할 구역 내의 도시 · 군계획시설사업을 시행한다.

② 일정한 경우에는 국토교통부장관, 도지사가 직접 도시 · 군계획시설사업을 시행할 수 있다.

③ **행정청이 아닌 시행자**

   ㉠ 행정청이 아닌 자는 국토교통부장관, 시 · 도지사, 시장 · 군수로부터 시행자로 지정을 받아 도시 · 군계획시설사업을 시행할 수 있다.

   ㉡ **민간**에 해당하는 자가 시행자로 지정을 받으려면 도시 · 군계획시설사업의 대상인 토지면적의 3분의 2 이상에 해당하는 토지를 **소유**하고, 토지소유자 총수의 2분의 1 이상에 해당하는 자의 **동의**를 얻어야 한다.

참고 국토교통부장관이나 도지사는 직접 공고하지 않는다.

참고 사업이 둘 이상의 행정구역에 걸치는 경우의 시행자
1. 관계 특별시장 · 광역시장 · 특별자치시장 · 특별자치도지사 · 시장 또는 군수가 서로 협의하여 시행자를 정한다.
2. 협의가 성립되지 아니하는 경우 같은 도의 관할 구역에 속하는 경우에는 관할 도지사가 시행자를 지정하고, 둘 이상의 시 · 도의 관할 구역에 걸치는 경우에는 국토교통부장관이 시행자를 지정한다.

참고 국토교통부장관이 지정한 시행자는 국토교통부장관의 인가를 받아야 하며, 그 밖의 시행자는 시·도지사 또는 대도시 시장의 인가를 받아야 한다.

(3) 실시계획

① 시행자는 실시계획을 작성하여야 한다.

② 실시계획을 작성한 때에는 국토교통부장관, 시·도지사 또는 대도시시장의 인가를 받아야 한다.

③ 기반시설 설치 등의 조치를 조건으로 인가할 수 있다.

④ 특별시장·광역시장·시장·군수는 이행보증금을 예치하게 할 수 있다. 단, 국가 등은 그러하지 아니하다.

⑤ **실시계획의 실효**

㉠ 도시·군계획시설결정의 고시일부터 10년 이후에 **실시계획**을 작성·인가 → 5년 이내에 **재결신청**을 안 하면 그 5년이 지난 다음 날에 그 실시계획은 효력을 잃는다.

㉡ 3분의 2 이상 토지소유 또는 사용권 확보 → 7년 이내에 재결신청

㉢ 사업에 필요한 모든 토지 등을 소유하거나 사용권원을 확보 → 실시계획은 효력을 유지

㉣ 실시계획의 폐지·실효 → 도시·군계획시설결정은 다음에서 정한 날 효력을 잃는다.

ⓐ 20년이 되기 전에 실시계획이 폐지·실효: 20년이 되는 날의 다음 날

ⓑ 20년 이후 실시계획이 폐지·실효: 실시계획이 폐지되거나 효력을 잃은 날

(4) 시행자 보호조치

① 분할시행

② **서류열람**: 무료

③ **공시송달**: 비행정청은 국토교통부장관, 시·도지사 또는 대도시시장의 승인

④ 수용·사용

⑤ 타인토지에의 출입

⑥ **국·공유지 처분제한**: 위반시 무효

(5) 수용·사용

① 시행자는 토지 등의 물건과 권리를 수용·사용할 수 있다.

② 인접토지를 일시사용할 수 있다.

③ 공익사업을 위한 토지등의 취득 및 보상에 관한 법률 준용

④ **특례**

ⓐ 실시계획의 고시가 있은 때에는 사업인정 및 고시가 있은 것으로 본다.

ⓑ 재결신청은 사업시행기간 이내에 하여야 한다.

⑹ **타인토지에의 출입**

① **출입목적 등**

㉠ 출입권자 : 국토교통부장관, 시·도지사, 시장·군수, 도시·군계획시설사업의 시행자

㉡ 출입목적 : 도시·군계획 등에 관한 기초조사, 도시·군계획시설사업의 시행 등

㉢ 허용행위 : 타인의 토지에 출입, 타인의 토지를 임시통로 등으로 일시사용, 장애물의 변경·제거

② **절차**

㉠ 타인 토지에의 출입절차

ⓐ 특별시장·광역시장·시장·군수의 **허가**를 받아야 한다.

ⓑ 출입하고자 하는 날의 **7일** 전까지 소유자·점유자·관리인에게 **통지**하여야 한다.

ⓒ 허가의 예외 : **행정청**인 도시·군계획시설사업의 시행자는 **허가 없이 출입**할 수 있다.

㉡ 일시사용, 장애물의 변경·제거시의 절차

ⓐ 소유자·점유자·관리인의 **동의**를 받아야 한다.

ⓑ **3일** 전까지 소유자·점유자·관리인에게 **통지**하여야 한다.

ⓒ 주소 불명 등으로 동의를 받을 수 없는 때

• 행정청 : 특별시장·광역시장·시장·군수에게 통지

• 비행정청 : 특별시장·광역시장·시장·군수의 허가

㉢ 출입제한 : **일출 전**이나 **일몰 후**에는 그 토지 **점유자의 승낙 없이** 택지나 담장 또는 울타리로 둘러싸인 타인의 토지에 **출입할 수 없다.**

㉣ 수인의무 : 토지의 **점유자**는 정당한 사유 없이 출입 등의 행위를 방해하거나 거부하지 못한다.

③ **토지에의 출입 등에 따른 손실보상**

㉠ 손실보상의 의무자 : 행위자가 속한 행정청 또는 도시·군계획시설사업의 시행자

ⓛ 손실보상의 절차

　　ⓐ 협의: 보상할 자와 손실을 받은 자가 협의

　　ⓑ 재결신청: 보상할 자 또는 손실을 받은 자 모두 관할토지수용위원회에 재결신청 가능

　　ⓒ 재결신청에 대해서는 공익사업을 위한 토지 등의 취득 및 보상에 관한 법률을 준용한다.

(7) 공사완료

① 도시·군계획시설사업의 시행자는 공사를 마친 때에는 공사완료보고서를 작성하여 시·도지사나 대도시 시장의 준공검사를 받아야 한다.

② 실시계획대로 완료되었다고 인정되는 경우에는 공사완료 공고를 하여야 한다.

③ 장기미집행 시설에 대한 조치

(1) 도시·군계획시설부지에서의 개발행위

① **원칙**: 도시·군계획시설부지에는 그 도시·군계획시설이 아닌 건축물의 건축이나 공작물의 설치를 허가하여서는 아니된다.

② **장기미집행 시 특례**: 도시·군계획시설 결정·고시일부터 2년이 지날 때까지 사업이 시행되지 아니한 도시·군계획시설 중 단계별 집행계획이 수립되지 아니하거나 제1단계 집행계획에 포함되지 아니한 경우 다음의 개발행위를 허가할 수 있다.

　ⓛ 가설건축물

　ⓛ 도시·군계획시설 설치에 지장이 없는 공작물

　ⓒ 개축·재축

(2) 도시·군계획시설부지의 매수청구

① **매수청구사유**: 도시·군계획시설에 대한 도시·군관리계획의 결정의 고시일로부터 10년 이내에 도시·군계획시설사업이 시행되지 아니하는 경우. 다만, 실시계획의 인가가 있는 경우는 제외된다.

② **매수청구자**: 지목이 대인 토지(건축물·정착물 포함)의 소유자

③ **매수청구의 상대방**

　ⓛ 원칙: 특별시장·광역시장·시장·군수

　ⓛ 예외: 도시·군계획시설사업의 시행자, 시설의 설치관리의무자

④ **매수여부의 통지의무**

　㉠ 매수청구가 있은 날부터 6개월 이내에 매수여부를 결정하여 통지하여야 한다.

　㉡ 통지한 날부터 2년 이내에 매수하여야 한다.

⑤ **매수대금의 지급**

　㉠ 현금으로 그 대금을 지급한다.

　㉡ 매수의무자가 지방자치단체인 경우로 다음의 경우에 도시·군계획시설채권을 발행하여 지급할 수 있다.

　　ⓐ 토지 소유자가 원하는 경우

　　ⓑ 부재부동산 소유자의 토지 또는 비업무용 토지로서 매수대금이 3천만원 초과하는 경우 그 초과하는 금액에 대하여 지급하는 경우

　㉢ 도시·군계획시설채권의 상환기간: 10년 이내에서 조례로 정한다.

　㉣ 이율: 조례로 정한다.

　㉤ **채권발행은 지방재정법 준용**

⑥ 매수가격 및 절차 등에 대해서는 공익사업을 위한 토지 등의 취득 및 보상에 관한 법률 준용한다.

⑦ 매수하지 아니하기로 결정한 경우 또는 매수 결정을 알린 날부터 2년이 지날 때까지 매수하지 아니하는 경우 개발행위허가를 받아 다음의 건축물, 공작물을 설치 할 수 있다.

　㉠ 단독주택으로서 3층 이하

　㉡ 제1종 근린생할시설로서 3층 이하

　㉢ 제2종 근린생활시설(다중생활시설, 단란주점, 노래연습장, 안마시술소는 제외)로서 3층 이하

　㉣ 공작물

(3) 도시·군계획시설결정의 실효

도시·군계획시설 결정·고시일부터 20년이 경과될 때까지 사업이 시행되지 아니하는 경우 도시·군계획시설결정은 20년이 되는 날의 다음날에 효력을 잃는다.

제8절   **지구단위계획**

① **지구단위계획구역의 지정**

(I) **지정권자**: 국토교통부장관, 시·도지사, 시장·군수가 도시·군관리계획으로 결정

참고 지구단위계획구역을 지정할 수 있는 지역: 지구, 개발

(2) **임의 지정대상**: 다음의 지역의 전부 또는 일부에 대하여 지구단위계획구역을 지정할 수 있다.

① 용도지구

② 도시개발구역, 정비구역, 택지개발지구, 시범도시 등

③ 개발제한구역·도시자연공원구역·시가화조정구역·공원에서 해제되는 구역

④ 녹지에서 주거·상업·공업으로 변경지역, 새로 도시지역으로 편입지역 등

(3) **의무 지정대상**: 다음의 지역은 지구단위계획구역으로 지정하여야 한다.

① 정비구역, 택지개발지구에서 사업이 끝난 후 **10년**이 경과된 지역

② 공원, 시가화조정구역에서 해제되는 지역으로 면적이 30만m² 이상 지역

③ 녹지에서 주거·상업·공업으로 변경되는 30만m² 이상 지역

(4) **도시지역 외에서의 지정**: 다음의 어느 하나에 해당하여야 한다.

① **100분의 50 이상이 계획관리지역**

  ㉠ 나머지 용도지역은 생산관리지역 또는 보전관리지역일 것

  ㉡ 다음의 면적요건에 해당할 것

아파트·연립주택 포함	30만m² 이상
아파트·연립주택 포함(자연보전권역, 초등학교 용지확보)	10만m² 이상
기타의 경우	3만m² 이상

참고 지구단위계획구역에 포함되는 보전관리지역의 면적

지구단위계획 구역 면적	보전관리지역의 비율
10만m² 이하	20% 이내
10만m² 초과 20만m² 이하	2만m²
20만m² 초과	10% 이내

② **개발진흥지구**: 다음의 지역에 위치할 것

주거개발진흥지구, 복합개발진흥지구(주거기능 포함) 특정개발진흥지구	계획관리지역
산업·유통개발진흥지구 복합개발진흥지구(주거기능이 포함되지 않은 경우)	계획관리지역 생산관리지역 농림지역
관광·휴양개발진흥지구	도시지역 외의 지역

③ 용도지구를 폐지하고 행위제한 등을 지구단위계획으로 대체하려는 지역

② 지구단위계획의 내용 등

(1) 지구단위계획의 내용

① 용도지역·용도지구를 대통령령으로 정하는 범위에서 세분하거나 변경하는 사항

② 기반시설의 배치와 규모(의무포함)

③ 건축물 용도제한, 건폐율, 용적률, 높이(의무포함)

(2) 지구단위계획의 수립기준: 국토교통부장관이 정한다.

(3) 지구단위계획에 의한 완화

① **완화할 수 있는 사항**

> • 용도지역·지구별 건축제한, 건폐율, 용적률
> • 대지 안의 조경, 대지와 도로의 관계, 공개공지 등의 확보, 주차장 설치기준 등
> • 건축물의 높이제한, 일조 등의 확보를 위한 건축물의 높이제한

② **도시지역 외의 지역에서의 완화**

ⓐ 용도지역·개발진흥지구의 건폐율×150%

  (계획관리지역에 지정된 산업·유통개발진흥지구의 경우 120%)

ⓑ 용도지역·개발진흥지구의 용적률×200%

(4) 지구단위계획구역에서의 건축 등: 지구단위계획에 맞게 하여야 한다(일정 기간 내 철거가 예상되는 가설건축물은 제외).

참고 지구단위계획으로 완화할 수 있는 사항이 아닌 것
1. 건축선
2. 대지분할제한
3. 대지안의 공지

③ 지구단위계획구역 등의 실효

(1) 지구단위계획구역의 실효

지구단위계획구역의 지정에 관한 도시·군관리계획 결정·고시일부터 3년 이내에 지구단위계획이 결정·고시되지 아니하는 경우에는 그 3년이 되는 날의 다음날에 당해 지구단위계획구역의 지정에 관한 도시·군관리계획결정은 그 효력을 상실한다.

(2) 지구단위계획의 실효

지구단위계획(주민이 입안을 제안한 것에 한정)에 관한 도시·군관리계획결정의 고시일부터 5년 이내에 허가 등을 받아 사업이나 공사에 착수하지 아니하면 그 5년이 된 날의 다음날에 그 지구단위계획에 관한 도시·군관리계획결정은 효력을 잃는다.

| 제9절 | **개발행위허가 등** |

① 개발행위허가

(1) 허가권자 : 특별시장·광역시장·시장·군수

(2) 허가대상 : 도시·군계획사업에 의하지 아니한 행위로서 다음의 행위

① 건축물의 건축

② 공작물의 설치

③ **토지형질변경**(경작을 위한 토지형질변경을 제외) : 절토(땅깎기)·성토(흙쌓기)·정지(땅고르기)·포장, 공유수면의 매립

④ 토석채취(토지형질변경을 목적으로 하는 것을 제외)

⑤ **토지분할** : 건축물이 없는 토지

　㉠ 녹지·관리·농림·자연환경보전지역 안에서 허가·인가 등이 없는 토지분할

　㉡ 건축법에 의한 분할제한면적 미만으로의 토지분할

　㉢ 인·허가 없는 너비 5미터 이하로의 토지분할

⑥ 녹지·관리·자연환경보전지역에 울타리 밖에 물건을 1개월 이상 쌓아놓는 행위

참고 경작을 위한 토지의 형질변경 : 조성이 끝난 농지에서 농작물 재배 등을 위한 토지의 형질변경으로서 다음에 해당하지 아니하는 형질변경을 말한다.
1. 인접토지의 농작업에 영향을 미치는 경우
2. 수질·토질오염의 우려가 있는 토사 등으로 성토
3. 지목의 변경을 수반(전·답 사이의 변경은 제외)
4. 옹벽설치 또는 2m 이상의 절토·성토를 수반

(3) 허가사항의 변경

① **원칙**: 허가받은 사항을 변경하는 경우에도 허가받아야 한다.

② 다음의 경미한 사항을 변경하는 경우에는 특별시장·광역시장·시장·군수에게 통지하여야 한다.

> • 사업기간단축
> • 사업면적 5% 축소
> • 허용 오차의 반영
> • 법개정등으로 불가피하게 변경하는 경우

(4) 허가의 예외

① **재해복구·재난수습을 위한 응급조치**: 1개월내 신고

② **경미한 행위**: 허가를 받지 아니하고 할 수 있다.

  ㉠ 건축물의 건축: 건축법상 허가대상이 아닌 것(건축법상 신고대상 중 신축은 제외)

  ㉡ 공작물의 설치

   ⓐ 면적 $50m^2$, 무게 50t, 부피 $50m^3$ 이하

   ⓑ 농림어업용 **비닐하우스의 설치(양식장 제외)**

  ㉢ 토지의 형질변경

   ⓐ 높이 50cm, 깊이 50cm, 면적 $660m^2$ 이하

   ⓑ **조성완료**된 대지에서 토지의 형질변경

  ㉣ 토석채취: 면적 $25m^2$, 부피 $50m^3$ 이하

  ㉤ 토지분할

   ⓐ 너비 5m 이하로 분할된 토지의 분할제한면적 이상으로의 분할

   ⓑ 국유지·공유지로 하거나 공공시설로 사용하기 위한 토지의 분할

   ⓒ 도시·군계획시설로 지형도면고시가 된 토지

   ⓓ 행정재산중 용도폐지되는 부분의 분할, 일반재산의 매각을 위한 분할

   ⓔ 사도개설허가를 받은 토지

  ㉥ 물건을 쌓아놓는 행위: 면적 $25m^2$ 무게 50톤, 부피 $50m^3$ 이하

참고 개발행위허가의 절차 : 신청인 의견(○), 시행자 의견(○), 관리청 의견(○), 협의(○), 심의(○) 주민의견(×)

💡 지구단위계획, 성장관리계획이 수립된 지역에서 허가하는 경우 : 심의를 거칠 필요가 없다.

💡 사방사업을 위한 개발행위에 대하여 허가를 하는 경우 : 심의를 거치지 아니한다.

(5) 허가절차

① 신청서제출

　㉠ 기반시설 설치, 위해방지 등에 관한 계획서를 첨부한 신청서를 제출하여야 한다.

　㉡ 개발밀도관리구역 안에서는 기반시설의 설치에 관한 계획서 제출하지 아니한다.

② 15일 이내에 허가 또는 불허가의 처분을 하여야 한다.

③ 기반시설의 설치 등에 관한 조치를 조건으로 허가할 수 있다.

(6) 이행보증금의 예치

① **예치사유** : 특별시장·광역시장·시장·군수는 다음의 경우에 이행보증금을 예치하게 할 수 있다.

　㉠ **기**반시설의 설치가 필요한 경우

　㉡ 토지굴착으로 인근토지의 **붕**괴 우려, 인근 건축물·공작물의 손괴 우려

　㉢ 발파로 인한 **낙**석 등으로 인근지역의 피해 우려

　㉣ 토석운반차량의 통행으로 통행로 주변의 환경이 **오**염될 우려가 있는 경우

　㉤ 토지형질변경·토석채취 완료 후 **비**탈면에 조경을 할 필요가 있는 경우

② **예외** : 국가, 지방자치단체, 공공기관 등은 이행보증금을 예치하지 않는다.

③ **예치범위** : 총 공사비의 20% 이내

④ **예치방법** : 현금(보증서로 갈음할 수 있다.)

⑤ **이행보증금의 반환** : 준공검사 받은 때에는 즉시 반환하여야 한다.

참고 이행보증금의 사용 : 개발행위허가를 받은 자가 원상회복명령을 이행하지 아니하는 때는 이행보증금을 사용하여 대집행할 수 있다.

(7) **허가의 면적기준** : 토지의 형질변경면적으로서 다음의 개발행위규모에 적합하여야 한다.

① **도시지역**

　㉠ 주거·상업·자연녹지·생산녹지 : 1만m^2 미만

　㉡ 공업지역 : 3만m^2 미만

　㉢ 보전녹지지역 : 5천m^2 미만

② **관리지역** : 3만m^2 미만

③ **농림지역** : 3만m^2 미만

④ **자연환경보전지역** : 5천m^2 미만

⑻ 개발행위허가의 제한

① **제한권자** : 국토교통부장관, 시 · 도지사, 시장 · 군수

② **제한사유**

    ㉠ 녹지지역 · 계획관리지역으로서 수목 · 조수류 · 우량농지 등 보전 필요

    ㉡ 주변환경 · 경관 · 미관 등의 오염, 손상 우려

    ㉢ 도시 · 군기본계획 · 도시 · 군관리계획을 수립 중

    ㉣ 지구단위계획구역으로 지정된 지역

    ㉤ 기반시설부담구역으로 지정된 지역

③ **제한기간** : 3년 이내(㉢, ㉣, ㉤의 경우 1회에 한하여 2년 범위내에서 연장)

④ **절차**

    ㉠ 개발행위허가를 제한하는 경우 도시계획위원회의 심의를 거쳐야 한다(기간 연장시 심의 ×).

    ㉡ 개발행위허가를 제한하려면 제한지역 등을 미리 고시하여야 한다.

⑼ 준공검사

① **검사권자** : 특별시장 · 광역시장 · 시장 · 군수

② **검사대상** : 건축물의 건축, 공작물의 설치, 토지형질변경, 토석채취

⑽ 공공시설의 귀속

구 분	행정청인 경우	행정청이 아닌 경우
새로 설치한 공공시설	• 관리청에 무상으로 귀속	• 관리청에 무상으로 귀속
종래의 공공시설	• 개발행위허가를 받은 자에게 • 무상으로 귀속	• 용도폐지되는 공공시설 • 비용범위에서 • 개발행위허가를 받은 자에게 • 무상으로 양도할 수 있다.
귀속 시기	• 준공검사 후 관리청에 통지 • 통지한 날에 각각 귀속	• 개발행위가 끝나기 전에 관리청에 통지 • 준공검사를 받음으로써 각각 귀속되거나 양도

> **참고** 토지분할과 물건을 쌓아 놓는 행위는 준공검사의 대상이 아니다.

② 성장관리계획

(1) 성장관리계획구역

① **지정권자**: 특별시장 · 광역시장 · 시장 또는 군수

② **지정대상**: **녹지지역, 관리지역, 농림지역 및 자연환경보전지역** 중 다음에 해당하는 지역

참고 주거지역, 상업지역, 공업지역은 성장관리계획구역의 지정 대상이 아니다.

  ㉠ 무질서한 개발이 진행되고 있거나 진행될 것으로 예상되는 지역

  ㉡ 주변의 토지이용이나 교통여건 변화 등으로 향후 시가화가 예상되는 지역

  ㉢ 주변지역과 연계하여 체계적인 관리가 필요한 지역

  ㉣ 지역 · 지구 등의 변경으로 토지이용에 대한 행위제한이 완화되는 지역

  ㉤ 난개발의 방지와 체계적인 관리가 필요한 지역으로서 대통령령으로 정하는 지역

    ⓐ 인구 감소 또는 경제성장 정체 등으로 압축적이고 효율적인 도시성장관리가 필요한 지역

    ⓑ 공장 등과 입지 분리 등을 통해 쾌적한 주거환경 조성이 필요한 지역

③ **지정절차**: 주민의견 – 의회의견 – 협의 – 심의 – 고시

  • 주민의견: 공고 · 열람(14일 이상) – 의견제출(열람기간내) – 통보(30일)

  • 의회는 60일 이내에 의견을 제시

(2) 성장관리계획의 수립

① **수립권자**: 특별시장 · 광역시장 · 시장 또는 군수

② **내용**: 성장관리계획구역을 지정할 때에는 다음의 사항 중 구역의 지정목적 달성에 필요한 사항을 포함하여 성장관리계획을 수립하여야 한다.

  ㉠ 기반시설의 배치와 규모에 관한 사항

  ㉡ 건축물의 용도제한, 건폐율 또는 용적률

  ㉢ 건축물의 배치, 형태, 색채 및 높이

  ㉣ 환경관리 및 경관계획

  ㉤ 그 밖에 난개발의 방지와 체계적인 관리에 필요한 사항으로서 대통령령으로 정하는 사항

③ **성장관리계획으로 완화**

용도지역	건폐율	용적률
계획관리지역	50%	125%
생산관리 · 농림 · 자연녹지지역 · 생산녹지지역	30%	

④ **절차**: 성장관리계획구역의 지정절차 준용

⑤ **타당성검토**: 특별시장·광역시장·시장 또는 군수는 5년마다 성장관리계획에 대하여 그 타당성 여부를 전반적으로 재검토하여 정비하여야 한다.

⑥ **성장관리계획의 수립기준**: 대통령령으로 정한다.
  • 세부사항은 국토교통부장관이 정하여 고시

(3) **성장관리계획구역에서의 개발행위**: 성장관리계획에 맞게 하여야 한다.

③ 개발밀도관리구역

(1) **의의**: 개발로 기반시설이 부족할 것으로 예상되나 기반시설의 설치가 **곤란한** 지역을 대상으로 건폐율·용적률을 **강화**하여 적용하기 위하여 지정하는 구역

(2) **지정권자**: 특별시장·광역시장·시장·군수

(3) **지정대상**: 주거·상업·공업지역에서의 개발행위로 인해 기반시설이 부족할 것으로 예상되는 지역 중 기반시설의 설치가 곤란한 지역에 지정할 수 있다.

(4) **지정절차**

  ① 개발밀도관리구역을 지정·변경하려면 도시계획위원회의 **심의**를 거쳐야 한다.

  ② 개발밀도관리구역을 지정·변경한 경우에는 **고시**하여야 한다.

> **참고** 개발밀도관리구역의 지정과 관련하여 주민의 의견을 들어야 하는 절차를 두고 있지 않다.

(5) **건폐율 또는 용적률의 강화**: 개발밀도관리구역 안에서는 용도지역에 적용되는 용적률의 최대한도의 50% 범위 안에서 강화하여 적용한다.

> **참고** 건폐율을 50% 범위내에서 강화 ×

(6) **지정기준**: 국토교통부장관이 정한다.
  • 도로율 등 20%, 2년내 용량초과되는 지역에 지정

④ 기반시설부담구역

(1) **의의**: 개발밀도관리구역 외의 지역으로서 개발로 인해 기반시설 설치가 필요한 지역을 대상으로 기반시설을 설치하거나 그에 필요한 용지를 확보하게 하기 위하여 지정·고시하는 구역

⑵ **기반시설부담구역의 지정**

① **지정권자**: 특별시장 · 광역시장 · 시장 · 군수

② **지정대상**

㉠ 의무지정: 다음의 지역에 대하여 지정하여야 한다.

ⓐ 법령의 제정 · 개정으로 행위제한이 **완화**되거나 해제되는 지역

ⓑ 용도지역 등이 변경 · 해제되어 행위제한이 **완화**되거나 해제되는 지역

ⓒ 개발행위허가 건수가 **20%** 이상 증가한 지역

ⓓ 전년도 인구증가율이 **20%** 이상 높은 지역

㉡ 임의지정: 개발행위가 집중되어 필요한 경우 위의 지역이 아니라도 지정할 수 있다.

③ **지정절차**

㉠ 기반시설부담구역을 지정 · 변경하려면 **주민의견**을 들어야 한다.

㉡ 해당 지방자치단체에 설치된 지방도시계획위원회의 **심의**를 거쳐 대통령령으로 정하는 바에 따라 이를 **고시**하여야 한다.

④ **지정기준**: 국토교통부장관이 정한다.

㉠ 최소 $10만m^2$ 이상의 규모가 되도록 지정할 것

㉡ 소규모 개발행위가 **연접**하여 시행될 것으로 예상되는 지역의 경우에는 하나의 단위구역으로 묶어서 지정할 것

⑤ **지정해제**: 기반시설부담구역의 지정고시일부터 **1년**이 되는 날까지 **기반시설설치계획**을 수립하지 아니하면 그 1년이 되는 날의 다음 날에 기반시설부담구역은 해제된 것으로 본다.

⑶ **기반시설설치계획**

① 특별시장 · 광역시장 · 시장 · 군수가 수립한다.

② 이를 도시 · 군관리계획에 반영하여야 한다.

③ 지구단위계획을 수립한 경우에는 기반시설설치계획을 수립한 것으로 본다.

⑷ **기반시설설치비용**

① **부과대상**: $200m^2$ 초과 건축물의 신 · 증축

② **부과**: 특별시장 · 광역시장 · 시장 · 군수는 납부의무자가 **건축허가를 받은 날부터 2개월** 이내에 부과하여야 한다.

③ **납부**: **사용승인 신청시까지** 납부하여야 한다.

제10절 | 기타

(1) **청문**: 다음의 처분을 하고자 하는 때에는 청문을 실시하여야 한다.

① 개발행위허가의 취소

② 도시·군계획시설사업의 시행자 지정의 취소

③ 실시계획인가의 취소

(2) **행정심판**

① 도시·군계획시설사업의 시행자의 처분에 대하여는 행정심판을 제기할 수 있다.

② **행정청이 아닌 시행자의 처분에 대한 행정심판**: 시행자를 **지정**한 자에게 제기

(3) **벌칙**: 3년 이하의 징역 또는 3천만원 이하의 벌금

① **개발행위허가**를 받지 않고 또는 부정한 방법으로 허가받아 개발행위를 한 자

② **시가화조정구역안**에서 허가를 받지 아니하고 개발행위를 한 자

도시개발법

도시개발구역의 지정 등

① 개발계획

(1) **수립권자**: 지정권자

(2) **수립시기**

① **원칙**: 지정권자는 도시개발구역을 지정하려면 개발계획을 수립하여야 한다 (지정 전 수립).

② **예외**: 개발계획을 공모하거나, 다음의 지역에 도시개발구역을 지정하는 경우에는 도시개발구역 **지정 후**에 개발계획을 수립할 수 있다.

　㉠ 자연녹지지역·생산녹지지역, 도시지역외의 지역

　㉡ 주거지역·상업지역·공업지역의 면적이 100분의 30 이하인 지역

　㉢ 국토교통부장관이 지역균형발전을 위하여 도시개발구역으로 지정하고자 하는 지역(자연환경보전지역은 제외)

(3) **토지 소유자의 동의**(환지방식의 개발계획)

① **원칙**: 지정권자는 환지방식의 개발계획을 수립하려면 토지면적의 3분의 2 이상에 해당하는 토지소유자와 토지소유자 총수의 2분의 1 이상의 동의

② **동의자 수 산정방법**

　㉠ 토지면적: 국·공유지를 포함하여 산정

　㉡ 공유: 1인

　㉢ 구분소유자: 각각이 1인

　㉣ 1인이 둘 이상의 필지 소유: 1인

　㉤ 둘 이상의 필지의 공유자가 동일인: 1인

　㉥ 공람·공고일 후에 분할되어 토지소유자 수 증가: 공람·공고일 전을 기준으로 산정

ⓧ 국공유지를 제외한 전체 사유 토지면적 및 토지 소유자에 대하여 동의를 받은 후에 그 토지면적 및 토지 소유자의 수가 법적 동의 요건에 미달하게 된 경우에는 국공유지 관리청의 동의를 받아야 한다.

③ 시행자가 국가 또는 지방자치단체인 때에는 동의를 필요로 하지 않음

⑷ **개발계획의 내용**

① 다음 사항은 도시개발구역을 **지정한 후**에 개발계획에 **포함**시킬 수 있다.

㉠ 도시개발구역 밖에 기반시설을 설치해야 하는 경우 그 시설의 설치비용의 부담계획

㉡ 수용 또는 사용의 대상이 되는 토지·건축물 등의 **세부목록**

㉢ **세입자** 등의 주거 및 생활 안정 대책

㉣ 순환개발 등 **단계적** 사업추진이 필요한 경우 사업추진 계획 등에 관한 사항

② 개발계획에는 지구단위계획은 포함되지 않는다.

⑸ **작성기준**

① 개발계획은 광역도시계획 또는 도시·군기본계획에 들어맞도록 하여야 한다.

② 330만㎡ 이상인 도시개발구역에 관한 개발계획을 수립할 때는 주거·생산·교육 등의 기능이 서로 조화를 이루도록 노력하여야 한다(복합기능 도모).

③ 개발계획의 작성기준 및 방법은 국토교통부장관이 정한다.

② 도시개발구역의 지정

⑴ **도시개발구역의 지정권자**

① **원칙**

㉠ **시·도지사 및 대도시 시장**은 도시개발구역을 지정할 수 있다.

㉡ **2 이상의 시·도 또는 대도시**에 걸치는 경우 관계 시·도지사, 대도시 시장이 **협의**하여 도시개발구역을 지정할 자를 정한다.

② **예외: 국토교통부장관**은 다음의 경우에 도시개발구역을 지정할 수 있다.

㉠ 관계**중앙행정기관**의 장이 요청하는 경우

㉡ **국가**가 도시개발사업을 실시할 필요가 있는 경우

㉢ 시·도지사의 **협의**가 성립되지 아니하는 경우

㉣ 공공기관·정부출연기관의 장이 **30만㎡** 이상으로 국가계획과 밀접한 관련이 있는 도시개발구역의 지정을 제안한 경우

㉤ 천재지변 기타의 사유로 인하여 **긴급**히 도시개발사업이 필요한 경우

③ **지정의 요청**: 시장(대도시 시장 제외)·군수·구청장은 시·도지사에게 도시개발구역의 지정을 요청할 수 있다.

④ **지정의 제안**

    ㉠ 제안자: **국가, 지방자치단체, 조합을 제외한** 시행자가 될 수 있는 자는 도시개발구역의 지정을 제안할 수 있다.

    ㉡ 제안의 상대방

        ⓐ 원칙: 특별자치도지사, 시장·군수 또는 구청장에게 제안

        ⓑ 예외: 공공기관·정부출연기관의 장이 30만m^2 이상으로 제안하는 경우에는 국토교통부장관에게 직접 제안할 수 있다.

    ㉢ 제안수용 여부의 통보

        ⓐ 제안을 받은 국토교통부장관, 시장·군수·구청장은 제안 내용의 수용 여부를 **1개월** 이내에 제안자에게 통보하여야 한다.

        ⓑ 불가피한 사유가 있는 경우 **1개월** 이내의 범위에서 통보기간을 **연장할** 수 있다.

    ㉣ 비용: 시장·군수·구청장은 제안자와 협의하여 도시개발구역의 지정을 위하여 필요한 비용의 전부 또는 일부를 제안자에게 부담시킬 수 있다.

    ㉤ 동의: **민간시행자가** 제안하려는 경우에는 대상 구역 토지면적의 **3분의 2 이상**에 해당하는 토지 소유자(지상권자를 포함)의 동의를 받아야 한다.

⑵ **도시개발구역의 분할 및 결합**

① 지정권자는 도시개발구역을 둘 이상의 사업시행지구로 분할하거나 **서로 떨어진** 둘 이상의 지역을 **결합**하여 하나의 도시개발구역으로 지정할 수 있다.

② **분할할 수 있는 경우**: 분할 후 각 사업시행지구의 면적이 각각 **1만**m^2 **이상**인 경우

③ **결합개발을 할 수 있는 경우**: **1만**m^2 이상의 방재지구 등이 포함된 경우

⑶ **지정기준**

참고 보전녹지는 도시개발구역의 지정대상이 아니다.

① **면적기준**: 도시개발구역으로 지정할 수 있는 면적은 다음과 같다.

    ㉠ 도시지역 안

        ⓐ 주거·상업·자연녹지·생산녹지: **1만**m^2 **이상**(생산녹지는 구역 지정 면적의 30% 이하인 경우만 해당)

        ⓑ 공업지역: **3만**m^2 **이상**

ⓒ 도시지역 밖

   ⓐ 원칙: 30만m^2 이상

   ⓑ 아파트·연립주택 건설계획, 초등학교용지, 4차로 도로 설치: 10만m^2 이상

② **자연녹지, 생산녹지, 도시지역 외의 지역에 도시개발구역을 지정하는 경우**

   ㉠ 광역도시계획 또는 도시·군기본계획에 의하여 개발 가능한 지역에서만 지정하여야 한다.

   ㉡ 광역도시계획 및 도시·군기본계획이 수립되지 아니한 지역인 경우에는 자연녹지지역과 계획관리지역에 한하여 도시개발구역을 지정할 수 있다.

③ **면적기준의 적용 제외**

   ㉠ **국토교통부장관이** 국가균형발전을 위하여 도시개발구역으로 지정하고자 하는 지역(자연환경보전지역은 제외)

   ㉡ **취락지구, 개발진흥지구, 지구단위계획구역**

(4) **지정절차**: 기초조사 − 주민의견청취 − 협의 − 심의 − 지정·고시 − 열람

① **기초조사**: 할 수 있다.

② **주민의견청취**: 공람 또는 공청회

   ㉠ 공람: 2 이상의 일간신문(10만m^2 미만은 지자체 공보)에 공고 → 14일 공람 → 제출된 의견에 대한 반영여부통보: 30일 이내

   ㉡ 공청회

   ⓐ 구역의 면적이 100만m^2 **이상**인 경우에는 공람기간이 끝난 후 공청회를 **개최하여야 한다.**

   ⓑ 공청회 개최예정일 14일 전까지 신문에 1회 이상 공고하여야 한다.

   ⓒ 공청회는 공청회를 개최하는 자가 지명하는 자가 주재한다.

③ **협의**: 도시개발구역이 50만m^2 **이상**인 경우 또는 국가계획과 관련되는 경우에는 **국토교통부장관과 협의**

④ **심의**: 도시계획위원회

⑤ 고시(지정권자) 및 열람(시·군·구, 14일 이상)

(5) 지정효과

① **용도지역 등의 지정의제**

　⊙ 도시개발구역은 도시지역과 지구단위계획구역으로 결정·고시된 것으로 본다.

　ⓛ 지구단위계획구역 및 취락지구로 지정된 지역은 그러하지 아니하다.

② 지형도면의 고시는 도시개발사업의 시행 기간에 할 수 있다.

③ **도시개발구역에서의 행위허가**

　⊙ 허가대상: 특별시장·광역시장·시장·군수의 허가를 받아야 하는 행위

　　ⓐ 건축물(가설건축물 포함)의 건축, 대수선 또는 용도 변경

　　ⓑ 공작물의 설치

　　ⓒ 토지의 형질변경

　　ⓓ 토석의 채취

　　ⓔ 토지분할

　　ⓕ 옮기기 쉽지 아니한 물건을 1개월 이상 쌓아놓는 행위

　　ⓖ **죽목(竹木)의 벌채 및 식재(植栽)**

　ⓛ 예외: 다음의 행위는 허가를 받지 아니하고 할 수 있다.

참고 건축물, 토지분할에 대해서는 허가의 예외가 없다.

　　ⓐ 재해 복구 또는 재난 수습에 필요한 응급조치

　　ⓑ 농림수산용 간이공작물(비닐하우스 등)

　　ⓒ 경작을 위한 토지의 형질변경

　　ⓓ 개발에 지장이 없는 토석채취

　　ⓔ 남겨두기로 결정된 대지에서 물건을 쌓아놓는 행위

　　ⓕ 관상용 죽목의 **임시식재**(경작지에서의 임시 식재는 제외)

④ **기득권 보호**: 구역의 지정·고시 당시 이미 공사·사업에 착수한 자는 30일 이내에 특별시장·광역시장·시장·군수에게 신고하고 계속할 수 있다.

(6) **도시개발구역 지정의 해제**(해제된 것으로 본다.)

① **원칙**

　⊙ 도시개발구역이 지정·고시된 날부터 3년이 되는 날까지 실시계획의 인가를 신청하지 아니하는 경우에는 그 3년이 되는 날의 다음날

　ⓛ 공사완료(환지방식인 경우에는 환지처분)의 공고일의 다음날

② **예외**: 도시개발구역 지정 후에 개발계획을 수립하는 경우

　⊙ 도시개발구역을 지정·고시한 날부터 2년이 되는 날까지 개발계획을 수립·고시하지 아니하는 경우에는 그 2년이 되는 날의 다음날

ⓛ 개발계획을 수립·고시한 날부터 3년이 되는 날까지 실시계획의 인가를 신청하지 아니하는 경우에는 그 3년이 되는 날의 다음날

ⓒ 도시개발구역의 면적이 330만m² 이상인 경우 ⊙과 ⓛ의 기간은 5년

③ 용도지역 등의 환원

⊙ 도시개발구역이 해제의제된 경우 용도지역 및 지구단위계획구역은 도시개발구역 지정 전으로 환원 또는 폐지된 것으로 본다.

ⓛ 공사완료(환지처분)에 의해 해제의제된 경우는 환원되지 아니한다.

제2절 도시개발사업의 시행자

① 시행자의 지정

(1) **원칙**: 다음 중에서 지정권자가 지정한다.

① 국가·지방자치단체

② 공공기관: 토지주택공사, 수자원공사, 농어촌공사, 관광공사, 철도공사, 매입 공공기관

③ 정부출연기관

④ 지방공사

⑤ 토지소유자

⑥ 조합(전부 환지방식에 한함) 등

(2) **민관합동법인**(공공시행자 + 민간참여자)

① **설립절차**: 민간참여자 공모 − 협약 − 법인설립

⊙ 민간참여자로 선정되려는 자가 공공시행자에게 사업을 제안하는 경우 공모가 아닌 방식으로 민간참여자를 선정할 수 있다.

ⓛ 제안 요건

ⓐ 제안자가 대상 지역 토지면적의 3분의 2 이상을 소유할 것

ⓑ 대상 지역이 도시지역(개발제한구역은 제외)에 해당할 것

ⓒ 대상 지역의 면적이 10만제곱미터 미만일 것

② **협약절차**
  ⊙ 공공시행자가 협약을 체결하려면 지정권자의 승인을 받아야 하며, 지정권자는 국토교통부장관에게 보고하여야 한다.
  ⓒ 지정권자가 출자자인 경우 국토교통부장관의 승인을 받아야 한다.
  ⓒ 국토교통부장관은 지정권자에게 협약 내용의 시정을 명할 수 있다.
③ **민간참여자의 이윤율**: 총사업비(공공시행자의 부담분 제외)의 100분의 10 이내로 한다.

(3) 전부 환지방식의 시행자

① **원칙**: 토지소유자 또는 조합을 시행자로 지정한다.
② **예외**: 다음의 경우 **지방자치단체등을 시행자로** 지정할 수 있다.
  ⊙ 개발계획 수립고시일부터 1년 이내에 시행자 지정신청이 없거나, 신청 내용이 위법·부당한 경우
  ⓒ 지방자치단체의 장이 집행하는 공공시설에 관한 사업과 병행하여 시행할 필요가 있다고 인정한 경우
  ⓒ 국공유지를 제외한 토지면적 2분의 1 이상의 토지 소유자 및 토지 소유자 총수의 2분의 1 이상이 지방자치단체등의 시행에 동의한 경우

(4) 시행자 변경: 지정권자는 다음의 경우 시행자를 변경할 수 있다.

① 실시계획의 인가를 받은 후 2년 이내에 사업을 착수하지 아니하는 경우
② 시행자 지정 취소, 실시계획 인가 취소
③ 시행자의 부도·파산
④ **환지방식**: 도시개발구역 지정·고시일부터 1년 이내에 실시계획 인가신청 없는 경우

② 사업의 대행 및 위탁 등

(1) 사업의 대행

① **공공시행자**는 도시개발사업의 일부를 주택건설사업자 등으로 하여금 대행하게 할 수 있다.
② **대행업무 범위**: 부지조성공사, 실시설계, 기반시설공사, 조성된 토지의 분양

(2) **위탁** : 공공시설의 건설, 토지매수업무 등을 국가·지자체, 공공단체 등에게 위탁할 수 있다.

(3) **신탁계약** : 민간시행자는 지정권자의 승인을 얻어 신탁업자와 신탁계약을 체결하여 도시개발사업을 시행할 수 있다.

③ 조합

(1) 설립인가

① 조합을 설립하려면 도시개발구역 안의 토지소유자 7명 이상이 정관을 작성하여 지정권자에게 조합설립의 인가를 받아야 한다.

② **인가받은 사항의 변경**

  ㉠ 인가를 받은 사항을 변경하려면 지정권자로부터 변경인가를 받아야 한다.

  ㉡ 경미한 사항(**공고방법** 변경, **주된 사무소소재지** 변경)을 변경하고자 하는 때에는 이를 신고하여야 한다.

③ 조합설립의 인가를 신청하려면 해당 도시개발구역의 토지면적의 3분의 2 이상에 해당하는 토지 소유자와 토지소유자 총수의 2분의 1 이상의 동의를 받아야 한다.

(2) 조합의 성립

① **설립등기** : 조합의 설립인가를 받은 조합의 대표자는 설립인가를 받은 날부터 30일 이내에 주된 사무소의 소재지에서 설립등기를 하여야 한다.

② 조합은 그 주된 사무소의 소재지에서 등기를 하면 성립한다.

③ **조합의 법인격**

  ㉠ 조합은 법인으로 한다.

  ㉡ 조합에 관하여 도시개발법에 규정한 것 외에는 **민법 중 사단법인에 관한** 규정을 준용한다.

(3) 조합원

① **조합원** : 조합의 조합원은 도시개발구역의 **토지소유자**로 한다.

② **의결권** : 조합원은 보유토지의 면적에 관계없이 평등한 의결권을 가진다.

  ㉠ 공유 토지 : 1명만 의결권이 있다.

  ㉡ 구분소유 : 구분소유자별로 의결권이 있다.

  ㉢ 공람·공고일 후 분할된 구분소유권을 취득한 자는 의결권이 없다.

참고 조합원의 자격
1. 토지소유자는 동의 여부에 관계없이 조합원이 된다.
2. 토지소유자는 미성년자인 경우에도 조합원이 된다.
3. 건축물소유자 또는 지상권자는 조합원이 아니다.

③ **조합원의 경비부담**(부과금)

　㉠ 조합은 그 사업에 필요한 비용을 조성하기 위하여 정관이 정하는 바에 따라 조합원에게 경비를 부과·징수할 수 있다.

　㉡ 조합의 부과금의 금액은 도시개발구역의 토지의 위치·지목·면적·이용상황·환경 그 밖의 사항을 종합적으로 고려하여 정하여야 한다.

　㉢ 조합은 부과금을 체납하는 자가 있으면 시장·군수·구청장에게 그 징수를 위탁할 수 있다(위탁수수료: 4%).

(4) 임원

① **임원의 구성 및 직무**

임 원	직 무	비 고
조합장	조합의 대표, 사무총괄, 총회 등의 의장	조합장 또는 이사의 자기를 위한 조합과의 계약·소송은 감사가 조합을 대표
이 사	조합장 보좌, 사무분장	
감 사	조합의 사무·재산상태·회계에 관한 감사	

② **임원의 결격사유**: 다음에 해당하는 자는 조합의 임원이 될 수 없다.

　㉠ 미성년자, 피성년후견인, 피한정후견인

　㉡ 파산선고를 받은 자로서 복권되지 아니한 자

　㉢ 금고 이상의 형을 선고받고 그 집행이 끝나거나 집행을 받지 아니하기로 확정된 후 2년이 지나지 아니한 자

　㉣ 금고 이상의 형을 선고받고 그 형의 집행유예 기간 중에 있는 자

③ 임원이 결격사유에 해당하게 되면 그 다음 날부터 **임원의 자격을 상실**한다.

(5) **대의원회**

① 조합원의 수가 **50인 이상**인 조합은 총회의 권한을 대행하게 하기 위하여 대의원회를 둘 수 있다.

② 대의원의 수는 의결권을 가진 조합원 총수의 **100분의 10 이상**으로 한다.

③ 대의원회는 총회의 의결사항 중 다음의 사항을 제외한 총회의 권한을 대행할 수 있다.

　㉠ 정관의 변경

　㉡ 개발계획의 수립 및 변경

　㉢ 환지계획의 작성

　㉣ 조합임원의 선임

　㉤ 조합의 합병 또는 **해산**(사업완료로 해산하는 경우 제외)

제**3**절 **실시계획**

(I) 실시계획의 작성

① 시행자는 도시개발사업에 관한 실시계획을 작성하여야 한다.

② 실시계획에는 지구단위계획이 포함되어야 한다.

③ 실시계획은 개발계획에 맞게 작성하여야 한다.

(2) 실시계획의 인가

① 시행자는 실시계획에 관하여 인가신청서를 시장·군수·구청장을 거쳐 지정권자에게 제출하여 인가를 받아야 한다.

② 지정권자가 실시계획을 작성하거나 인가하는 경우 국토교통부장관인 지정권자는 시·도지사, 대도시 시장의 의견을, 시·도지사가 지정권자이면 시장·군수 또는 구청장의 의견을 미리 들어야 한다.

(3) 실시계획의 인가·고시의 효과 : 실시계획을 고시한 경우 그 고시된 내용 중 도시·군관리계획(지구단위계획)으로 결정하여야 하는 사항은 도시·군관리계획이 결정되어 고시된 것으로 본다.

제**4**절 **시행방식**

(I) 시행방식

① **환지방식**

  ㉠ 대지로서의 효용증진 등을 위하여 교환·분합, 구획변경 등이 필요한 경우
  ㉡ 지가가 인근 지역에 비하여 현저히 높은 경우

② **수용 또는 사용방식** : 택지 등의 집단적인 조성·공급이 필요한 경우

③ **혼용방식** : 혼용방식으로 시행하려는 경우에는 다음의 방식으로 도시개발사업을 시행할 수 있다.

  ㉠ 분할 혼용방식 : 수용 또는 사용 방식이 적용되는 지역과 환지 방식이 적용되는 지역을 사업시행지구별로 분할하여 시행하는 방식
  ㉡ 미분할 혼용방식 : 사업시행지구를 분할하지 아니하고 수용 또는 사용 방식과 환지 방식을 혼용하여 시행하는 방식

④ **시행방식의 변경**: 수용방식에서 혼용방식으로, 수용방식에서 환지방식으로, 혼용방식에서 환지방식으로 시행방식을 변경할 수 있다.

(2) 순환개발방식

시행자는 도시개발구역의 내외에 새로 건설하는 주택 또는 이미 건설되어 있는 주택에 그 도시개발사업의 시행으로 철거되는 주택의 세입자 또는 소유자를 임시로 거주하게 하는 등의 방식으로 그 도시개발구역을 순차적으로 개발할 수 있다.

제5절 수용방식에 의한 사업시행

(1) 토지 등의 수용·사용

① 시행자는 토지 등을 수용·사용할 수 있다.

② **민간시행자**는 토지면적의 3분의 2 이상에 해당하는 토지를 소유하고 토지소유자 총수의 2분의 1 이상에 해당하는 자의 **동의**를 얻어야 한다.

③ 공익사업을 위한 토지 등의 취득 및 보상에 관한 법률 준용

④ 수용·사용의 대상이 되는 토지의 세부목록을 고시한 경우에는 사업인정·고시가 있었던 것으로 본다.

⑤ 재결신청은 도시개발사업의 시행기간 종료일까지 행하여야 한다.

▌ 수용·사용 비교

구 분	사업인정 의제	재결신청	비고
도시·군계획시설사업	실시계획인가·고시	사업시행 기간내	인접토지 일시사용
도시개발사업	세부목록 고시		민간시행자 동의 필요
정비사업	사업시행계획인가·고시		재건축 ─ 긴급한 때만 수용가능
국민주택건설사업	사업계획승인		국가·지자체 등의 시행에 한함

(2) 토지상환채권

① **발행**: **시행자**는 토지 소유자가 **원하면** 토지등의 **매수 대금**의 **일부**를 지급하기 위하여 토지상환채권을 발행할 수 있다.

② **발행규모**: 토지상환채권의 발행규모는 그 토지상환채권으로 상환할 토지·건축물이 해당 도시개발사업으로 조성되는 분양토지 또는 분양건축물 면적의 **2분의 1**을 초과하지 아니하도록 하여야 한다.

③ **발행절차**

  ㉠ 시행자는 토지상환채권을 발행하려면 미리 지정권자의 승인을 받아야 한다.

  ㉡ **민간**시행자는 금융기관 등으로부터 지급보증을 받은 경우에만 이를 발행할 수 있다.

④ 토지상환채권의 **이율은 발행자가** 정한다.

⑤ 토지상환채권은 **기명식 증권**으로 한다.

⑥ **토지상환채권의 이전**: 토지상환채권을 이전하는 경우 취득자는 그 성명과 주소를 토지상환채권원부에 **기재**하여 줄 것을 요청하여야 하며, 취득자의 성명과 주소가 토지상환채권에 **기재**되지 아니하면 취득자는 발행자 및 그 밖의 **제3자에게 대항**하지 못한다.

(3) 선수금

① 시행자는 조성토지 등과 원형지를 공급받거나 이용하려는 자로부터 해당 대금의 전부 또는 일부를 미리 받을 수 있다.

② 시행자는 해당 대금의 전부 또는 일부를 미리 받으려면 지정권자의 승인을 받아야 한다.

③ 선수금을 받으려는 시행자는 다음의 요건을 갖추어야 한다.

공공 시행자	개발계획을 수립·고시한 후에 사업시행 토지면적의 100분의 10 이상의 토지에 대한 소유권을 확보
민간 시행자	실시계획인가를 받은 후 다음의 요건을 모두 갖출 것 ㉠ 공급하려는 토지에 대한 소유권을 확보 ㉡ 해당 토지에 설정된 저당권을 말소 ㉢ 공사 진척률: 100분의 10 이상 ㉣ 보증서 제출

⑷ **이주대책 등**: 시행자는 도시개발사업의 시행에 필요한 토지등의 제공으로 생활의 근거를 상실하게 되는 자에 관한 이주대책 등을 수립·시행하여야 한다.

⑸ **원형지의 공급과 개발**

① 시행자는 지정권자의 승인을 받아 다음에 해당하는 자에게 원형지를 공급하여 개발하게 할 수 있다.

  ㉠ 국가 또는 지방자치단체, 공공기관, 지방공사

  ㉡ 국가·지방자치단체·공공기관인 시행자가 실시한 공모에서 선정된 자

  ㉢ 원형지를 학교·공장 등의 부지로 직접 사용하는 자

② 지정권자는 **개발계획을 수립한 후** 원형지 공급을 **승인**할 수 있다.

③ 공급될 수 있는 **원형지**의 **면적**은 도시개발구역 전체 토지 면적의 **3분의 1** 이내로 한정한다.

④ **원형지 공급방법**

  ㉠ 원형지개발자의 선정은 **수의계약**의 방법으로 한다.

  ㉡ 원형지를 **학교**나 **공장** 등의 **부지로 직접 사용**하는 자를 선정하는 경우는 **경쟁입찰**의 방식으로 한다.

  ㉢ 경쟁입찰이 **2회 이상 유찰**된 경우에는 **수의계약**의 방법으로 할 수 있다.

⑤ 시행자는 원형지개발자와 공급계약을 체결한 후 원형지개발자로부터 세부계획을 제출받아 이를 실시계획의 내용에 반영하여야 한다.

⑥ 원형지개발자(국가·지방자치단체는 제외)는 10년의 범위에서 대통령령으로 정하는 기간(다음의 기간 중 먼저 끝나는 기간) 안에는 **원형지를 매각할 수 없다.**

  ㉠ 원형지에 대한 공사완료 공고일부터 5년

  ㉡ 원형지 공급 계약일부터 10년

⑦ **원형지 공급가격**: 감정가격에 기반시설 등의 공사비를 더한 금액을 기준으로 시행자와 원형지개발자가 **협의하여 결정**한다.

⑹ **조성토지의 공급**

① **공급계획**

  ㉠ 시행자는 조성토지 등의 공급 계획을 작성하여야 하며, 지정권자가 아닌 시행자는 공급 계획에 대하여 **지정권자의 승인**을 받아야 한다.

  ㉡ 지정권자가 공급계획을 작성하거나 승인하는 경우 국토교통부장관인 지정권자는 시·도지사, 대도시 시장의 의견을, 시·도지사가 지정권자이면 시장·군수 또는 구청장의 의견을 미리 들어야 한다.

② **공급기준**

　㉠ 시행자는 그가 개발한 토지를 **실시계획에 따라** 공급하여야 한다.

　㉡ 시행자는 공급대상자의 자격을 제한하거나 공급조건을 부여할 수 있다.

③ **공급방법**

　㉠ **원칙적 경쟁입찰**: 토지의 공급은 경쟁입찰의 방법에 의한다.

　㉡ 해당하는 토지는 **추첨**의 방법으로 분양할 수 있다.

　　ⓐ 국민주택규모 이하의 주택건설용지

　　ⓑ 공공택지

　　ⓒ $330m^2$ 이하의 단독주택용지 및 공장용지

　㉢ 수의계약의 방법으로 공급할 수 있는 경우

　　ⓐ 일반에 분양할 수 없거나 경쟁이 없는 경우: 학교용지, 공공청사용지, 2회 이상 유찰된 경우 등

　　ⓑ 공급대상자가 선정되어 있는 경우: 토지상환채권 등

④ **공급가격**

　㉠ 조성토지 등의 가격평가는 **감정가격**으로 한다.

　㉡ **감정가격 이하로 할 수 있는 경우**: 학교, 폐기물처리시설, 이주단지, 공공청사, 사회복지시설(유료 제외), 임대주택, 국민주택 등

제6절 환지방식에 의한 사업시행

① 환지계획

(1) 환지계획의 내용: 시행자는 다음의 사항이 포함된 환지계획을 작성하여야 한다.

　① 환지설계

　② 필지별로 된 환지명세

　③ 필지별과 권리별로 된 청산대상토지 명세

　④ 체비지 또는 보류지의 명세

　⑤ 입체 환지를 계획하는 경우에는 입체 환지용 건축물의 명세와 공급 방법·규모에 관한 사항

　⑥ 기타 국토교통부령이 정하는 사항

(2) 작성기준

① **적응환지 원칙**: 환지계획은 종전의 토지와 환지의 위치·지목·면적·토질·수리·이용상황·환경 기타의 사항을 종합적으로 고려하여 합리적으로 정하여야 한다.

② **조성토지 등의 평가**: 시행자는 환지방식이 적용되는 구역의 조성토지 등을 평가할 때에는 **토지평가협의회의 심의**를 거쳐 결정하되, **그에 앞서 공인평가가관(감정평가법인등)**이 평가하게 하여야 한다.

③ 환지 계획의 기준, 보류지의 책정 기준 등에 관하여 필요한 사항은 **국토교통부령**으로 정할 수 있다.

(3) 적응환지의 예외

① **신청·동의에 의한 환지의 부지정**: 토지소유자가 신청하거나 동의하면 해당 토지의 전부 또는 일부에 대하여 환지를 정하지 아니할 수 있다. 다만, **임차권자 등**이 있는 경우 그 **동의**를 받아야 한다.

② **토지면적을 고려한 환지**: 면적이 작은 토지는 과소 토지가 되지 아니하도록 면적을 늘려 환지를 정하거나(**증환지**) 환지 대상에서 제외할 수 있고(**부지정**), 면적이 넓은 토지는 그 면적을 줄여서 환지를 정할 수 있다(**감환지**).

③ **입체환지**

㉠ 토지 또는 건축물 소유자의 신청을 받아 환지의 목적인 토지에 갈음하여 시행자에게 처분할 권한이 있는 **건축물의 일부와 토지의 공유지분을 부여**할 수 있다.

㉡ 종전 토지·건축물의 권리가액이 최소 공급가격의 100분의 70 이하인 경우 신청대상에서 제외할 수 있다(단, 주택소유자는 권리가액에 관계없이 신청 가능).

㉢ 입체 환지의 신청 기간: 통지한 날부터 30일 이상 60일 이하로 하여야 한다. 다만, 20일의 범위에서 그 신청기간을 연장할 수 있다.

㉣ 입체 환지로 주택을 공급하는 경우의 환지계획 기준

ⓐ 원칙: 1주택 공급

ⓑ 소유한 주택의 수만큼 공급할 수 있는 경우: 과밀억제권역에 위치하지 아니하는 도시개발구역의 토지 소유자, 근로자숙소, 기숙사 등

㉤ 시행자는 입체환지에 따라 주택 등을 공급하고 남은 건축물은 체비지로 정하거나 토지소유자 외의 자에게 분양할 수 있다.

④ **공공시설용지**

    ㉠ 공공시설의 용지에 대하여는 환지 계획을 정할 때 그 위치·면적 등에 관하여 **적응환지의 기준을 적용하지 아니할 수 있다.**

    ㉡ 대체 공공시설을 설치하는 경우 종전의 공공시설의 **용도가 폐지되는 경우 환지를 정하지 아니하며,** 다른 토지에 대한 환지의 대상으로 하여야 한다.

⑤ **체비지·보류지**

    ㉠ 일정한 토지를 환지로 정하지 아니하고 보류지로 정할 수 있으며, 그 중 일부를 체비지로 정하여 도시개발사업에 필요한 경비에 충당할 수 있다.

    ㉡ 공동주택의 건설을 촉진하기 위하여 필요하다고 인정하면 체비지 중 일부를 같은 지역에 집단으로 정하게 할 수 있다.

⑷ **환지계획의 인가**

① 행정청이 아닌 시행자가 환지계획을 작성한 경우에는 특별자치도지사·**시장·군수 또는 구청장의 인가를 받아야** 한다.

② 인가 신청전에 임차권자 등에게 알리고, 14일 이상 일반인에게 공람을 시켜야 한다. 임차권자 등은 공람기간내에 의견을 제출할 수 있다.

③ 제출된 의견에 대하여 공람 기일일 종료된 날부터 60일 이내에 반영여부에 관한 검토결과를 통보하여야 한다.

② 환지예정지

⑴ **환지예정지의 지정**

① 시행자는 환지 예정지를 지정할 수 있다. 이 경우 종전의 토지에 대한 임차권자등이 있으면 해당 환지 예정지에 대하여 해당 권리의 목적인 토지 또는 그 부분을 아울러 지정하여야 한다.

② **지정절차** : 통지·공람(14일) → 의견제출 → 지정의 통지(효력발생시기)

⑵ **환지예정지 지정의 효과**

① **종전토지에 대한 사용·수익권이 환지예정지로 이동**

    ㉠ 종전 토지소유자·임차권자 등은 환지예정지에 대하여 **종전과 동일한 권리 행사할 수 있다.**

    ㉡ 종전의 토지에 대하여는 이를 **사용하거나 수익할 수 없다.**

② **효력발생시기**: 환지예정지의 지정의 효력발생일 ~ 환지처분의 공고일

종전토지	환지예정지
사용·수익 (×) 처분 (○)	사용·수익 (○) 처분 (×)

③ **사용·수익의 장애물 있을 때**: 사용·수익 개시일을 따로 정할 수 있다.

④ **환지를 정하지 아니하기로 결정된 토지**: 날짜를 정해 사용·수익을 정지시킬 수 있다. 이경우 30일 이상의 기간을 두고 미리 통지하여야 한다.

⑤ **체비지**: 사용·수익하게 하거나 **처분**할 수 있다.

⑥ **권리의 조정(용익권자의 보호)**

  ㉠ 환지예정지의 지정으로 **임대료** 등이 불합리하게 된 경우 그 증감을 청구할 수 있다.

  ㉡ 환지예정지의 지정으로 임차권 등의 **목적**을 달성할 수 없게 된 경우

    ⓐ 당사자는 해당 **권리**를 포기하거나 **계약**을 해지하고 손실보상을 시행자에게 청구할 수 있다.

    ⓑ 손실보상을 한 시행자는 구상할 수 있다.

  ㉢ 증감청구, 계약해지, 권리포기 등은 환지예정지 지정의 **효력발생일부터 60일**이 지나면 행사할 수 없다.

⑦ **장애물 등의 이전 및 제거**

  ㉠ 시행자는 환지예정지를 지정하거나, 공사를 시행하는 경우 도시개발구역에 있는 건축물 등의 장애물을 이전하거나 제거할 수 있다.

  ㉡ 행정청이 아닌 시행자는 특별자치도지사, 시장·군수·구청장의 허가를 받아야 한다.

  ㉢ 주거용 건축물을 이전·철거하려면 늦어도 2개월 전에 통지를 하여야 한다.

⑧ **토지의 관리**: 환지예정지 지정 등으로 사용·수익할 자가 없게 된 토지는 환지처분의 공고일까지 시행자가 관리한다.

참고 도시개발사업으로 설치된 공공시설은 관리청에 귀속될 때까지 특별자치도지사, 시장·군수 또는 구청장이 관리한다.

③ 환지처분

(1) 환지처분의 의의

종전 토지의 소유권 등의 권리를 환지로 이전하여 확정하고 청산에 관한 결정을 하는 처분이다.

(2) 환지처분 절차

① 공사를 끝낸 경우 지체 없이 **공고**하고 일반인에게 **공람**(14일 이상)

② 토지 소유자나 이해관계인은 공람 기간에 시행자에게 **의견서를 제출**

③ 시행자는 공람 기간에 의견서의 제출이 없거나 필요한 조치를 한 경우에는 준공검사를 신청하거나 도시개발사업의 공사를 끝내야 한다.

④ 시행자는 **준공검사**를 받은 경우 **60일** 이내에 **환지처분**을 하여야 한다.

⑤ **지정권자가 시행자인 경우**: 공사완료공고일부터 60일 이내에 환지처분

(3) 환지처분의 효과

① 환지는 환지처분이 공고된 날의 **다음 날**부터 종전의 토지로 본다.

② 환지를 정하지 아니한 토지의 권리는 환지처분이 공고된 날이 **끝나는 때**에 **소멸**한다.

③ 종전 토지에 전속되는 **행정상·재판상 처분**은 환지처분에 의하여 영향을 받지 않고 **종전 토지에 존속**한다.

④ **지역권은 종전 토지에 존속**한다. 다만, 사업시행으로 **행사할 이익이 없어진 지역권**은 환지처분이 공고된 날이 **끝나는 때**에 **소멸**한다.

⑤ **입체환지의 효과**

㉠ 입체환지계획에 따라 환지처분을 받은 자는 환지처분이 공고된 날의 **다음 날**에 환지계획으로 정하는 바에 따라 건축물의 일부와 해당 건축물이 있는 토지의 공유지분을 취득한다.

㉡ 종전의 토지에 대한 저당권은 환지처분이 공고된 날의 다음 날부터 해당 건축물의 일부와 해당 건축물이 있는 토지의 공유지분에 존재하는 것으로 본다.

⑥ **체비지·보류지**

㉠ 체비지는 **시행자**가, 보류지는 환지계획에서 **정한 자**가 각각 환지처분이 공고된 날의 **다음 날**에 취득한다.

㉡ 이미 처분된 체비지는 그 체비지를 매입한 자가 소유권 이전**등기**를 마친 때에 취득한다.

⑦ 청산금은 환지처분이 공고된 날의 **다음 날**에 확정된다.

(4) **권리의 조정**(용익권자의 보호): 환지예정지가 지정된 경우의 권리조정과 동일

④ 등기 · 청산 등

(1) 환지등기

① 시행자는 환지처분이 공고되면 공고 후 14일 이내에 관할 등기소에 알리고 등기를 촉탁하거나 신청하여야 한다.

② **다른 등기의 제한**

㉠ 환지처분이 공고된 날부터 환지등기가 있는 때까지는 다른 등기를 할 수 없다.

㉡ 예외: 등기신청인이 확정일자가 있는 서류로 환지처분의 공고일 전에 등기원인이 생긴 것임을 증명하면 다른 등기를 할 수 있다.

(2) **청산금**

① **청산금의 결정**

㉠ 종전의 토지 및 환지의 위치 · 지목 · 면적 · 토질 · 수리 · 이용상황 · 환경 등 종합적으로 고려하여 청산하여야 한다.

㉡ 청산금은 **환지처분을 하는 때**에 결정하여야 한다.

㉢ 환지 대상에서 제외한 토지등에 대하여는 **청산금을 교부하는 때**에 청산금을 결정할 수 있다.

② **청산금의 징수 · 교부**

㉠ 원칙: **환지처분의 공고가 있은 후** 징수 · 교부하여야 한다.

㉡ 예외: 환지를 정하지 아니하는 토지 등은 환지처분 전에 교부할 수 있다.

③ **강제징수**

㉠ 행정청인 시행자는 청산금을 내야 할 자가 이를 내지 아니하면 국세 또는 지방세 체납처분의 예에 따라 징수할 수 있다.

㉡ 행정청이 아닌 시행자는 특별자치도지사 · 시장 · 군수 또는 구청장에게 청산금의 징수를 위탁할 수 있다(위탁수수료는 4%).

④ **공탁**: 청산금을 받을 수 없거나 수령을 거부하면 공탁할 수 있다.

⑤ **청산금의 소멸시효**: 청산금을 받을 권리나 징수할 권리를 5년간 행사하지 아니하면 시효로 소멸한다.

| 제**7**절 | **기타** |

(1) 준공검사

① **준공검사권자**: 지정권자

② **조성토지 등의 준공 전 사용**

　㉠ 원칙: 준공검사 전 또는 공사완료공고 전에는 조성토지 등을 사용할 수 없다.

　㉡ 예외

　　ⓐ 체비지는 준공검사 전에도 사용이 가능하다.

　　ⓑ 지정권자의 사용허가를 받은 경우에는 준공검사 전에도 사용이 가능하다.

(2) 도시개발채권

① **발행자**: 지방자치단체의 장(시·도지사)

② **발행방법**: 등록발행 또는 무기명으로 발행

③ **발행절차**: 행정안전부장관의 승인을 받아야 한다.

④ **이율**: 시·도의 조례로 정한다.

⑤ **상환기간**: 5년 내지 10년의 범위안에서 지방자치단체의 조례로 정한다.

⑥ **소멸시효**: 원금은 5년, 이자는 2년

(3) 청문: 허가·인가·승인·지정을 취소하고자 하는 경우 실시

(4) 행정심판: 행정청이 아닌 시행자가 한 처분 → 지정권자에게 제기

PART
03

도시 및 주거환경정비법

| 제1절 | **총설** |

(1) 정비사업의 의의

도시기능을 회복하기 위하여 정비구역에서 정비기반시설을 정비하고 주택 등 건축물을 개량하거나 건설하는 사업

(2) 정비사업의 종류

사업명	내 용
주거환경 개선사업	저소득 주민이 집단으로 거주하는 지역으로서 정비기반시설이 극히 열악하고 노후·불량건축물이 과도하게 밀집한 지역에서 주거환경을 개선하거나, 단독주택 및 다세대주택이 밀집한 지역에서 정비기반시설과 공동이용시설 확충을 통하여 주거환경을 보전·정비·개량하기 위한 사업
재개발 사업	정비기반시설이 열악하고 노후·불량건축물이 밀집한 지역에서 주거환경을 개선하거나, 상업지역·공업지역 등에서 도시기능의 회복 및 상권활성화 등을 위하여 도시환경을 개선하기 위한 사업
재건축 사업	정비기반시설은 양호하나 노후·불량건축물에 해당하는 공동주택이 밀집한 지역에서 주거환경을 개선하기 위한 사업

(3) 용어정의

① **토지등소유자**: 신탁업자가 시행자인 경우 위탁자

사업명	내 용
주거환경개선사업 재개발사업	정비구역에 위치한 토지 또는 건축물의 소유자 또는 그 지상권자
재건축사업	정비구역에 위치한 건축물 및 그 부속토지의 소유자

② **노후·불량건축물**
  ㉠ 붕괴 그 밖의 안전사고의 우려가 있는 건축물
  ㉡ 중대한 기능적 결함, 부실시공으로 구조적 결함 등이 있는 건축물

ⓒ 주거환경이 불량한 곳에 소재하고, 철거 후 새로 건설하는 경우 비용에 비하여 효용의 현저한 증가가 예상되는 건축물 : 준공일 기준으로 **40년**까지 사용하기 위한 보수 · 보강비용이 철거후 신축하는 비용보다 클 것으로 예상되는 건축물

ⓔ **노후화된 건축물** : 준공후 **20년 이상 30년 이하**의 범위에서 조례로 정하는 기간이 지난 건축물

③ **정비기반시설** : 도로, 상하수도, 구거(도랑), 공원, 공용주차장, 공동구 등

④ **공동이용시설** : 주민이 공동으로 사용하는 놀이터, 마을회관, 공동작업장, 공동으로 사용하는 수도 등

⑤ **대지** : 정비사업에 의하여 조성된 토지를 말한다.

⑥ **주택단지** : 주택 및 부대 · 복리시설을 건설, 대지를 조성하는 일단의 토지로서 다음에 해당하는 토지

ⓐ 사업계획승인을 받아 주택과 부대 · 복리시설을 건설한 일단의 토지

ⓑ 도시 · 군계획시설인 도로 등으로 분리되어 각각 관리되고 있는 각각의 토지

ⓒ 2 이상이 공동으로 관리되고 있는 경우 그 전체 토지

ⓓ 분할청구에 따라 분할된 토지 또는 분할되어 나가는 토지

ⓔ 건축허가를 얻어 아파트 또는 연립주택을 건설한 일단의 토지

⑦ **토지주택공사 등** : 한국토지주택공사 또는 지방공사를 말한다.

⑧ **정관등** : 정관, 규약, 시행규정

정관	조합의 정관
규약	시행자인 토지등소유자가 작성
시행규정	시장 · 군수 등, 토지주택공사 등, 신탁업자가 작성

제2절 기본방침 및 정비기본계획

① 기본방침

(1) **수립권자**: 국토교통부장관은 10년마다 기본방침을 수립하여야 한다.

(2) **타당성 검토**: 5년마다 그 타당성을 검토하여 그 결과를 기본방침에 반영하여야 한다.

참고 군수는 정비기본계획의 수립권자가 아니다.

② 도시·주거환경정비기본계획(정비기본계획)

(1) **수립권자**: 특별시장·광역시장 또는 시장은 정비기본계획을 10년 단위로 수립하여야 한다.

(2) **수립의 예외**: 도지사가 대도시가 아닌 시로서 기본계획을 수립할 필요가 없다고 인정하는 시

(3) **기본계획의 작성기준**: 국토교통부장관이 정한다.

(4) **타당성 검토**: 기본계획의 수립권자는 기본계획에 대하여 5년마다 그 타당성 여부를 검토하여 그 결과를 기본계획에 반영하여야 한다.

(5) **수립절차**: 주민공람(14일) − 의회의견 − 협의 − 심의 − 고시·열람 − 보고
   ① 의회는 60일 이내에 의견을 제시하여야 한다.
   ② 대도시의 시장이 아닌 시장이 기본계획을 수립·변경한 경우 도지사의 승인
   ③ 기본계획의 수립권자는 기본계획을 수립·변경한 때에는 국토교통부장관에게 보고하여야 한다.

제3절 **정비계획 · 정비구역**

① 정비구역의 지정

(1) 정비구역의 지정권자

① 특별시장 · 광역시장 · 시장 또는 군수는 정비계획을 결정하여 정비구역을 지정할 수 있다.

② 지정권자는 직접 정비계획을 입안할 수 있다.

③ 구청장등은 정비계획을 수립하여 특별시장 · 광역시장에게 정비구역지정을 신청하여야 한다.

(2) **정비계획의 내용**: 정비사업의 명칭, 정비구역 등

(3) 지정절차

① **정비계획의 입안**

㉠ 주민에게 서면으로 통보한 후 주민설명회 및 30일 이상 주민에게 공람하여 의견을 들어야 한다.

㉡ 정비계획의 입안권자는 주민공람과 함께 지방의회의 의견을 들어야 한다. 지방의회는 60일 이내에 의견을 제시하여야 한다.

② **정비구역의 지정**

㉠ 정비구역의 지정권자는 정비구역을 지정하려면 지방도시계획위원회의 **심의**를 거쳐야 한다.

㉡ 정비구역의 지정권자는 정비구역을 지정하거나 정비계획을 결정한 때에는 **고시**하고 국토교통부장관에게 **보고**하여야 하며, 관계 서류를 일반인이 **열람**할 수 있도록 하여야 한다.

(4) **재건축사업의 재건축진단**

① **직권에 의한 재건축진단**: 시장 · 군수 등은 정비예정구역별 정비계획의 수립시기가 도래한 때부터 사업시행계획인가 전까지 재건축진단을 실시하여야 한다.

참고 입안권자 : 특별자치시장, 특별자치도지사, 시장, 군수 또는 구청장등

② **요청에 의한 재건축진단**

　㉠ 시장·군수 등은 다음의 어느 하나에 해당하는 경우에는 재건축진단을 실시하여야 한다.

　　ⓐ 정비계획의 입안을 요청하려는 자, 정비계획의 입안을 제안하려는 자, 재건축사업을 시행하려는 자가 10분의 1 이상의 **동의**를 받아 재건축진단의 실시를 **요청**하는 경우

　　ⓑ 추진위원회 또는 사업시행자가 재건축진단의 실시를 요청하는 경우

　㉡ 이 경우 재건축진단에 드는 **비용**을 해당 재건축진단의 실시를 요청하는 자에게 **부담**하게 **할 수 있다.**

③ 재건축사업의 재건축진단은 **주택단지의 건축물**을 대상으로 한다.

④ **재건축진단의 실시**

　㉠ 시장·군수 등은 대통령령으로 정하는 재건축진단기관에 의뢰하여 주거환경 적합성, 해당 건축물의 구조안전성, 건축마감, 설비노후도 등에 관한 재건축진단을 실시하여야 한다.

　㉡ 재건축진단을 의뢰받은 재건축진단기관은 국토교통부장관이 정하여 고시하는 기준에 따라 재건축진단을 실시하여야 하며, 국토교통부령으로 정하는 방법 및 절차에 따라 재건축진단 결과보고서를 작성하여 시장·군수 등 및 재건축진단의 실시를 요청한 자에게 제출하여야 한다.

⑤ **사업시행계획인가 여부 결정**: 시장·군수 등은 재건축진단의 결과와 도시계획 및 지역여건 등을 종합적으로 검토하여 사업시행계획인가 여부(시기조정을 포함)를 결정하여야 한다.

⑥ **재건축진단 결과의 적정성 검토**

　㉠ 시장·군수 등은 재건축진단 결과보고서를 제출받은 경우에는 지체 없이 특별시장·광역시장·도지사에게 결정내용과 해당 재건축진단 결과보고서를 제출하여야 한다.

　㉡ 시·도지사는 필요한 경우 국토안전관리원 또는 한국건설기술연구원에 재건축진단 결과의 적정성에 대한 검토를 의뢰할 수 있다.

　㉢ 국토교통부장관은 시·도지사에게 재건축진단 결과보고서의 제출을 요청할 수 있으며, 필요한 경우 시·도지사에게 재건축진단 결과의 적정성에 대한 검토를 요청할 수 있다.

　㉣ 특별시장·광역시장·도지사는 검토결과에 따라 필요한 경우 시장·군수 등에게 재건축진단에 대한 시정요구 등 대통령령으로 정하는 조치를 요청할 수 있으며, 시장·군수 등은 특별한 사유가 없으면 그 요청에 따라야 한다.

참고 시장·군수 등이 인정하는 다음의 건축물은 재건축진단대상에서 제외할 수 있다.
1. 천재·지변 등으로 주택이 붕괴되어 신속한 재건축 필요
2. 사용금지가 필요
3. 노후·불량건축물 수에 관한 기준을 충족한 경우 잔여 건축물
4. 기반시설 설치를 위해 정비구역에 포함되 건축물

⑸ **정비구역의 지정을 위한 정비계획의 입안 요청**

① 토지등소유자 또는 추진위원회는 다음에 해당하는 경우에는 정비계획의 입안권자에게 정비구역의 지정을 위한 정비계획의 입안을 요청할 수 있다.

㉠ 단계별 정비사업 추진계획상 정비예정구역별 정비계획의 입안시기가 지났음에도 불구하고 정비계획이 입안되지 아니한 경우

㉡ 정비기본계획에 정비예정구역의 개략적 범위 및 단계별 정비사업 추진계획을 생략한 경우

㉢ 천재지변 등의 사유로 긴급하게 정비사업을 시행할 필요가 있다고 판단되는 경우

② 정비계획의 입안권자는 요청일부터 4개월 이내에 정비계획의 입안 여부를 결정하여 토지등소유자 및 정비구역의 지정권자에게 알려야 한다. 다만, 2개월의 범위에서 한 차례만 연장할 수 있다.

⑹ **정비계획의 입안 제안**

① 토지등소유자 또는 추진위원회는 다음의 경우에 정비계획의 입안권자에게 정비계획의 입안을 제안할 수 있다.

㉠ 정비계획의 입안시기가 지났음에도 정비계획이 수립되지 아니한 경우

㉡ 토지주택공사 등을 시행자로 요청하려는 경우

㉢ 대도시가 아닌 시·군으로서 시·도 조례로 정하는 경우

㉣ 공공지원임대주택 등을 목적으로 정비계획의 입안을 요청하려는 경우

㉤ 천재·지변 등의 사유로 긴급히 정비사업을 시행할 필요가 있는 경우

㉥ 토지등소유자가 3분의 2 이상의 동의로 정비계획의 변경을 요청하는 경우

㉦ 토지등소유자가 공공재개발사업 또는 공공재건축사업을 추진하려는 경우

② 토지등소유자의 3분의 2 이하 및 토지면적 3분의 2 이하의 범위에서 시·도 조례로 정하는 비율 이상의 동의를 받은 후 정비계획도서, 계획설명서 등을 첨부한 제안서를 입안권자에게 제출하여야 한다.

③ **통보** : 제안일부터 60일 이내에 정비계획에의 반영여부를 제안자에게 통보하여야 한다. 다만, 한 차례만 30일을 연장할 수 있다.

② 정비구역 지정의 효과

(1) 지구단위계획 등의 의제

① 정비구역의 지정·변경에 대한 고시가 있는 경우 지구단위계획 및 지구단위 계획구역으로 결정·고시된 것으로 본다.

② **정비구역의 지정 의제**: 지구단위계획구역에 대하여 정비계획사항을 모두 포함한 지구단위계획을 결정·고시하는 경우 당해 **지구단위계획구역은 정비구역으로 지정·고시된 것으로 본다.**

참고 시장·군수 등: 특별자치 시장, 특별자치도지사, 시장, 군수, 자치구의 구청장

(2) **기득권 보호**: 정비구역 지정 당시부터 사업·공사에 착수한 자는 30일 이내에 시장·군수 등에게 신고하고 그 사업·공사를 계속할 수 있다.

(3) 정비구역에서의 행위허가

① **허가대상**: 시장·군수 등의 허가를 받아야 하는 행위

　㉠ 건축물(가설건축물 포함)의 건축, 용도 변경

　㉡ 공작물의 설치

　㉢ 토지의 형질변경

　㉣ 토석의 채취

　㉤ 토지분할

　㉥ 이동 쉽지 아니한 물건을 1개월 이상 쌓아놓는 행위

　㉦ 죽목의 벌채 및 식재

참고 건축물, 토지분할에 대해서는 허가의 예외가 없다.

② **예외**: 다음의 행위는 허가를 받지 아니하고 할 수 있다.

　㉠ 재해 복구 또는 재난 수습에 필요한 응급조치, 안전조치

　㉡ 농림수산용 간이공작물(비닐하우스 등)

　㉢ 경작을 위한 토지의 형질변경

　㉣ 개발에 지장이 없는 토석채취

　㉤ 존치하기로 결정된 대지에서 물건을 쌓아놓는 행위

　㉥ 관상용 죽목의 임시식재(경작지에서의 임시 식재는 제외)

(4) **행위제한**: 비경제적 건축행위 및 투기 방지

① **제한권자**: 국토교통부장관, 시·도지사, 시장·군수·구청장

② **제한지역**: 기본계획을 공람중인 정비예정구역, 정비계획을 수립중인 지역

③ **제한기간**: 3년 이내, 1회에 한하여 연장 1년

④ **제한행위**: 건축물의 건축, 토지의 분할

⑤ **제한절차**: 도시계획위원회의 심의 → 고시

⑸ **정비구역의 분할, 통합 및 결합**: 다음의 방법에 따라 정비구역을 지정할 수 있다.

① 하나의 정비구역을 둘 이상의 정비구역으로 분할

② 연접한 정비구역을 하나의 정비구역으로 통합

③ 연접하지 아니한 둘 이상을 하나의 정비구역으로 결합

③ 정비구역 등의 해제

⑴ **의무적 해제**: 정비구역의 지정권자는 다음의 경우 정비구역 등을 **해제하여야** 한다.

① 정비구역 지정 예정일부터 3년이 되는 날까지 **정비구역 지정**(신청)하지 아니하는 경우

② **조합이 시행하는 재개발사업 · 재건축사업**
  ㉠ **정비구역**으로 지정 · 고시된 날부터 2년이 되는 날까지 추진위원회의 승인을 신청하지 아니하는 경우
  ㉡ **정비구역**으로 지정 · 고시된 날부터 3년이 되는 날까지 **조합 설립인가**를 신청하지 아니하는 경우
  ㉢ **추진위원회 승인일**부터 2년이 되는 날까지 **조합 설립인가**를 신청하지 아니하는 경우
  ㉣ **조합설립인가**를 받은 날부터 3년이 되는 날까지 **사업시행계획인가**를 신청하지 아니하는 경우

③ **토지등소유자가 시행하는 재개발사업**: 정비구역으로 지정 · 고시된 날부터 5년이 되는 날까지 **사업시행계획인가**를 신청하지 아니하는 경우

⑵ **임의적 해제**: 정비구역의 지정권자는 다음의 경우 정비구역 등을 해제할 수 있다.

① 토지등소유자의 **과도한 부담**이 예상되는 경우

② 정비예정구역 또는 정비구역의 추진 상황으로 보아 지정 **목적을 달성할 수 없다고** 인정하는 경우

③ **주거환경개선사업**(스스로 개량 방식) : 정비구역이 지정·고시된 날부터 **10년 이상 경과**하고 토지등소유자의 **과반수**가 정비구역의 해제에 **동의**하는 경우

④ **추진위원회가 구성되지 않은 구역** : 토지등소유자의 30% 이상이 해제요청

⑤ **추진위원회 또는 조합이 설립된 구역** : 토지등소유자 과반수 동의로 해제요청

▌도시개발구역과 정비구역의 지정효과 비교

	도시개발구역의 지정효과	정비구역의 지정효과
지정의제	도시지역, 지구단위계획구역	지구단위계획구역, 지구단위계획
	지구단위계획구역, 취락지구로 지정된 지역은 의제되지 아니함	지구단위계획구역이 일정한 요건하에 정비구역으로 지정 의제
기득권	구역 지정 당시 사업·공사에 착수 : 30일 이내에 신고하고 계속	구역 지정 당시 사업·공사에 착수 : 30일 이내에 신고하고 계속
행위허가	개발행위허가대상 + 죽목 벌채·식재	
행위허가 예외	① 재해복구·재난수습을 위한 응급조치 ② 농림수산물 생산에 직접 이용하는 간이공작물(비닐하우스) ③ 경작을 위한 토지형질변경 ④ 개발에 지장없고 자연경관을 손상하지 아니하는 토석채취 ⑤ 존치하기로 결정된 대지안에서 적치 ⑥ 관상용 죽목의 임시식재(경작지에서의 임시식재는 제외)	

제**4**절 정비사업의 시행자

① 정비사업별 사업시행방법

구 분	사업시행방법
주거환경 개선사업	① 시행자가 기반시설 설치, 토지등소유자가 스스로 주택 개량 ② 수용하여 주택 건설후 토지등소유자에게 우선 공급하거나, 토지를 공급 ③ 환지로 공급 ④ 관리처분계획에 따라 주택 등을 공급
재개발 사업	① 관리처분계획에 따라 건축물을 공급 ② 환지로 공급
재건축 사업	관리처분계획에 따라 건축물을 공급 〈재건축사업의 공동주택 외 건축물 공급〉 ① 대상지역 : 준주거지역, 상업지역 ② 공동주택 외 건축물의 연면적은 전체 건축물 연면적의 100분의 30 이하

> **참고** 재건축사업의 경우 환지로 공급하는 방법은 없다.

② 사업시행자

(1) 정비사업별 시행자

① 주거환경개선사업

㉠ 시행방법별 시행자

스스로 개량 방식	① 시장·군수 등이 시행 ② 토지주택공사 등을 시행자로 지정 : 토지등소유자 과반수 동의
수용, 환지, 관리처분방식	① 시장·군수 등이 시행 ② 토지주택공사 등 또는 공공출자법인을 시행자로 지정 ③ ②의 시행자와 건설업자 또는 등록사업자를 공동시행자로 지정

㉡ 토지등소유자의 동의

ⓐ 토지등소유자 3분의 2 이상의 동의와 세입자 세대수 과반수의 동의

ⓑ 세입자 동의 예외 : 세입자가 토지등소유자의 2분의 1 이하인 경우 등

ⓒ 천재·지변 등으로 긴급한 경우 동의를 받을 필요가 없다.

> **참고** 세입자 동의의 예외 : ① 세입자가 1/2 이하 ② 임대주택 충분 ③ 스스로 개량하는 방식 ④ 환지로 공급하는 방식 ⑤ 관리처분계획으로 주택 등을 공급하는 방식

② **재개발사업**

  ㉠ 조합이 시행하거나 조합이 조합원 과반수 동의를 얻어 시장·군수 등, 토지주택공사 등, 등록업자, 건설업자, 신탁업자, 한국부동산원과 공동으로 시행

  ㉡ **토지등소유자가 20명 미만이 경우** 토지등소유자가 시행하거나 토지등소유자가 토지등소유자 과반수 동의를 얻어 시장·군수 등, 토지주택공사 등, 등록업자, 건설업자, 신탁업자, 한국부동산원과 공동으로 시행

③ **재건축사업**: 조합이 시행하거나 조합이 조합원 과반수 동의를 얻어 시장·군수 등, 토지주택공사 등, 등록업자, 건설업자와 공동으로 시행

⑵ **시공자의 선정**

① **조합**은 **조합설립인가**를 받은 후 조합총회에서 경쟁입찰 또는 수의계약(2회 이상 유찰된 경우로 한정) 방법으로 건설업자 또는 등록사업자를 시공자로 선정하여야 한다.

② 조합원수가 100인 이하인 경우 조합총회에서 **정관**으로 정하는 바에 따라 선정할 수 있다.

③ **토지등소유자**가 재개발사업을 시행하는 경우에는 **사업시행계획인가**를 받은 후 **규약**으로 정하는 바에 따라 건설업자 또는 등록사업자를 시공자로 선정하여야 한다.

④ **시장·군수 등**이 직접 정비사업을 시행하거나 토지주택공사 등 또는 지정개발자를 시행자로 지정한 경우 **시행자지정** 고시 후 건설업자 또는 등록사업자를 시공자로 선정하여야 한다.

⑤ 선정된 시공자와 공사에 관한 계약을 체결할 때에는 기존 건축물의 철거 공사에 관한 사항을 포함하여야 한다.

③ **정비사업조합**

⑴ **조합설립 의무**

① 시장·군수 등, 토지주택공사 등 또는 지정개발자가 아닌 자가 정비사업을 시행하고자 하는 경우에는 토지등소유자로 구성된 조합을 **설립하여야 한다.**

② 토지등소유자가 재개발사업을 시행하려는 경우에는 그러하지 아니하다.

(2) 추진위원회

① 추진위원회의 구성

참고 추진위원회의 조직: 위원 장 1명과 감사를 둔다.

　㉠ 조합을 설립하려는 경우에는 위원장을 포함한 **5명** 이상의 위원 및 운영규 정에 대하여 토지등소유자 **과반수**의 **동의**를 얻어 추진위원회를 구성하여 **시장·군수 등**의 **승인**을 얻어야 한다.

　㉡ 추진위원회의 구성에 동의한 토지등소유자는 조합의 설립에 동의한 것으 로 본다.

　㉢ 재승인(승인 당시의 구역과 지정·고시된 정비구역의 면적 차이가 대통령 령으로 정하는 기준 이상인 경우): 토지등소유자 과반수의 동의를 받아 시장·군수 등에게 다시 승인을 받아야 한다.

② 대상 지역: 추진위원회는 다음의 어느 하나에 해당하는 지역을 대상으로 구 성한다.

　㉠ 정비구역으로 지정·고시된 지역

　㉡ 정비구역으로 지정·고시되지 아니한 지역: 정비예정구역이 설정된 지역, 정비계획의 입안을 위하여 주민에게 공람한 지역 등

③ 추진위원회의 기능: 추진위원회는 다음의 업무를 수행할 수 있다.

참고 시공자 선정은 추진위원 회의 업무가 아니다.

　㉠ 정비사업전문관리업자의 선정

　㉡ 설계자 선정

　㉢ 개략적인 정비사업 시행계획서의 작성

　㉣ 조합의 설립인가를 받기 위한 준비업무

(3) 조합설립인가

① 추진위원회가 조합을 설립하려면 정비구역 지정·고시 후 **시장·군수 등**의 **인가**를 받아야 한다.

② 인가신청을 위한 동의

　㉠ **재개발사업**의 추진위원회가 조합을 설립하려면 토지등소유자의 **4분의 3** 이상 및 토지면적의 **2분의 1** 이상의 토지소유자의 동의를 얻어야 한다.

　㉡ **재건축사업**의 추진위원회가 조합을 설립하려면 **주택단지안의 공동주택**의 각 **동별** 구분소유자의 **과반수** 동의와 주택단지안의 **전체** 구분소유자의 **100분의 70** 이상 및 토지면적의 **100분의 70** 이상의 토지소유자의 동의를 얻어야 한다.

　㉢ 재건축사업의 경우 **주택단지가 아닌 지역**이 정비구역에 포함된 때에는 주 택단지가 아닌 지역안의 토지 또는 건축물 소유자의 **4분의 3** 이상 및 토지 면적의 **3분의 2** 이상의 토지소유자의 동의를 얻어야 한다.

ㄹ 인가받은 사항의 변경

ⓐ 인가받은 사항을 **변경**하고자 하는 때에는 총회에서 조합원의 **3분의 2 이상**의 찬성으로 **의결**하고, 시장·군수 등의 **인가**를 받아야 한다.

ⓑ **경미한 사항의 변경**: 총회의 **의결 없이** 시장·군수 등에게 **신고**하고 변경할 수 있다.

③ **동의자 수 산정 방법**

㉠ 주거환경개선사업, 재개발사업의 경우

참고 토지소유자와 건축물 소유자가 다른 경우: 각각 1인으로 산정

ⓐ 1필지의 토지 또는 하나의 건축물을 여럿이서 **공유**하는 경우: **4분의 3 이상**의 동의를 받아 이를 대표하는 1인을 토지등소유자로 산정

ⓑ 토지에 **지상권**이 설정되어 있는 경우: 대표하는 1인을 토지등소유자로 산정

ⓒ 1인이 **다수의 필지** 또는 다수의 **건축물**을 소유하고 있는 경우: 필지나 건축물의 수에 관계없이 1인으로 산정

ⓓ **둘 이상**의 **토지** 또는 **건축물**을 소유한 공유자가 **동일한 경우**: 공유자 여럿을 대표하는 1인을 토지등소유자로 산정

㉡ 재건축사업의 경우

ⓐ 소유권 또는 구분소유권을 여럿이서 **공유**하는 경우: 대표하는 1인을 토지등소유자로 산정

ⓑ 1인이 둘 이상의 소유권 또는 구분소유권을 소유하고 있는 경우: 소유권 또는 구분소유권의 수에 관계없이 토지등소유자를 1인으로 산정

ⓒ 둘 이상의 소유권 또는 구분소유권을 소유한 공유자가 동일한 경우: 공유자 여럿을 대표하는 1인을 토지등소유자로 산정

㉢ 동의한 자로부터 토지·건축물을 취득한 자: 동의한 것으로 볼 것

㉣ 국·공유지: 재산관리청 각각을 토지등소유자로 산정. 이 경우 재산관리청은 동의 요청을 받은 날부터 30일 이내에 동의 여부를 표시하지 않으면 동의한 것으로 본다.

(4) **조합의 성립**: 조합은 조합 설립의 인가를 받은 날부터 30일 이내에 주된 사무소의 소재지에서 등기함으로써 성립한다.

(5) 조합의 법인격

① 조합은 법인으로 한다.

② 조합에 관하여는 이 법에 규정된 것을 제외하고는 **민법중 사단법인에 관한** 3규정을 준용한다.

③ 조합은 명칭 중에 정비사업조합이라는 문자를 사용하여야 한다.

(6) 조합원

① **조합원의 자격** : 정비사업의 조합원은 토지등소유자(재건축사업은 동의한 자에 한함)로 한다.

② **투기과열지구에서 재건축사업의 경우 조합설립인가 후,** 재개발사업의 경우에는 관리처분계획의 인가 후 정비사업의 건축물·토지를 **양수**(상속·이혼 제외)한 자는 **조합원이 될 수 없다.**

(7) 임원

① **임원의 구성 및 직무**

임 원	직 무	비 고
조합장	조합의 대표, 사무총괄, 총회 등의 의장	조합장 또는 이사의 자기를 위한 조합과의 계약·소송은 감사가 조합을 대표
이 사	정관으로 정함	
감 사	정관으로 정함	

참고 이사의 수 : 3명 이상(토지등소유자 100명 초과시 5명 이상)

② **조합임원의 임기는 3년 이하의 범위에서 정관으로 정하되, 연임할 수 있다.**

③ **임원의 결격사유**

　　㉠ 미성년자·피성년후견인 또는 피한정후견인

　　㉡ 파산선고를 받은 자로서 복권되지 아니한 자

　　㉢ 금고 이상의 실형의 선고를 받고 그 집행이 종료되거나 집행이 면제된 날부터 2년이 경과되지 아니한 자

　　㉣ 금고 이상의 형의 집행유예를 받고 그 유예기간중에 있는 자

　　㉤ 이 법을 위반하여 벌금 100만원 이상의 형을 선고받고 10년이 지나지 아니한 자

　　㉥ 조합설립 인가권자에 해당하는 지방자치단체의 장, 지방의회의원 또는 그 배우자·직계존속·직계비속

④ 임원이 **결격사유에 해당하게 되면 당연퇴임**한다.

참고 임원의 자격 : 토지 또는 건축물(재건축사업은 건축물과 부속토지)을 소유한 자 중 다음의 요건을 갖춘 자
1. 정비구역에 위치한 건축물 또는 토지를 5년 이상 소유
2. 선임일 직전 3년 동안 정비구역에서 1년 이상 거주

⑻ 대의원회

① 조합원의 수가 **100인 이상**인 조합은 대의원회를 **두어야 한다.**

② 대의원회는 조합원의 10분의 1 이상으로 구성한다. 다만, 조합원의 10분의 1 이 100명을 넘는 경우에는 조합원의 10분의 1의 범위에서 100명 이상으로 구성할 수 있다.

③ 조합장이 아닌 조합임원은 대의원이 될 수 없다.

④ **대의원회가 총회의 권한을 대행할 수 없는 사항**

  ㉠ 정관의 변경

  ㉡ 임원의 선임·해임(조합장이 아닌 임원의 보궐선임은 제외)

  ㉢ 조합의 합병·해산(사업완료로 해산하는 경우 제외)

  ㉣ 기타 : 자금차입, 시공자·설계자 등의 선정, 사업시행계획 등의 수립, 설계개요 변경, 사업비 변경 등

제5절 사업시행계획인가

⑴ **사업시행계획서의 작성** : 사업시행자는 정비계획에 따라 사업시행계획서를 작성하여야 한다.

⑵ **사업시행계획인가**

① **사업시행계획인가 및 변경인가**

  ㉠ 시행자(시장·군수 등 제외)는 정비사업을 시행하고자 하는 경우에는 사업시행계획서에 정관등을 첨부하여 시장·군수 등에게 제출하고 사업시행계획인가를 받아야 한다.

  ㉡ 인가받은 내용을 **변경**하거나 정비사업을 중지 또는 폐지하고자 하는 경우에도 **인가**를 받아야 한다.

  ㉢ **경미한** 사항을 **변경**하고자 하는 때에는 시장·군수 등에게 이를 **신고**하여야 한다.

② 시장·군수 등은 특별한 사유가 없으면 사업시행계획서의 제출이 있은 날부터 60일 이내에 인가 여부를 결정하여 사업시행자에게 통보하여야 한다.

③ **인가신청전 동의**

　　㉠ 사업시행자는 사업시행계획인가를 신청하기 전에 미리 총회의 의결을 거쳐야 한다.

　　㉡ 토지등소유자가 재개발사업을 시행하려는 경우에는 토지등소유자의 4분의 3 이상 및 토지면적의 2분의 1 이상의 토지소유자의 동의를 얻어야 한다.

　　㉢ 지정개발자가 정비사업을 시행하려는 경우에는 토지등소유자의 과반수의 동의 및 토지면적의 2분의 1 이상의 토지소유자의 동의를 얻어야 한다.

④ **관계서류의 공람**: 시장·군수 등은 사업시행계획인가를 하거나 사업시행계획서를 작성하려는 경우에는 관계 서류의 사본을 14일 이상 일반인이 공람할 수 있게 하여야 한다.

⑤ **사업비의 예치**: 재개발사업의 사업시행자가 지정개발자(토지등소유자인 경우로 한정)인 때에는 정비사업비의 20%의 범위 이내에서 시·도조례가 정하는 금액을 예치하게 할 수 있다.

제6절 　사업시행을 위한 조치

(1) 임시거주시설의 설치

① 시행자는 **주거환경개선사업, 재개발사업**으로 철거되는 주택의 소유자 또는 세입자에 대하여 **임시거주**에 상응하는 조치를 **하여야 한다**.

② 사업시행자는 임시거주시설의 설치 등을 위하여 필요한 때에는 국가·지방자치단체·공공단체 또는 개인의 시설이나 토지를 일시 **사용할 수 있다**.

③ **국가** 또는 **지방자치단체**는 시행자로부터 임시거주시설에 필요한 건축물이나 토지의 사용신청을 받은 때에는 다음의 사유가 없는 한 **거절하지 못한다**. 이 경우 **사용료** 또는 **대부료**는 이를 **면제**한다.

　　㉠ 제3자와 이미 매매계약을 체결한 경우

　　㉡ 사용신청 이전에 사용계획이 확정된 경우

　　㉢ 제3자에게 이미 사용허가를 한 경우

④ 사업시행자는 정비사업의 공사를 완료한 때에는 30일 이내에 원상회복하여야 한다.

⑤ 공공단체·개인의 시설·토지의 일시사용함으로써 손실을 받은 자가 있는 경우에는 시행자는 그 손실을 보상하여야 한다.

(2) **임시상가의 설치**: 재개발사업의 시행자는 사업시행으로 이주하는 상가세입자가 사용할 수 있도록 임시상가를 설치할 수 있다.

(3) **수용·사용**

① 사업시행자는 정비사업을 시행하기 위하여 필요한 경우에는 토지 등을 수용·사용할 수 있다.

② **재건축사업**의 경우 천재·지변 등 긴급히 정비사업을 시행하는 경우에 **한하여 수용**할 수 있다.

② 공익사업을 위한 토지 등의 취득 및 보상에 관한 법률 준용

③ **특례**

　㉠ **사업시행계획인가·고시**가 있은 때에는 **사업인정** 및 고시가 있은 것으로 본다.

　㉡ 재결신청은 사업시행계획인가 시 정한 사업시행기간 이내에 이를 행하여야 한다.

④ **현물보상**: 대지 또는 건축물을 현물보상하는 경우에는 준공인가 이후에 현물보상을 할 수 있다.

(4) **재건축사업의 매도청구**

① **매도청구대상**: 다음에 해당하는 자의 토지·건축물의 소유권 기타 권리의 매도를 청구를 할 수 있다.

　㉠ 조합 설립의 동의를 하지 아니한 자

　㉡ 시장·군수 등, 토지주택공사 등 또는 신탁업자의 사업시행자 지정에 동의를 하지 아니한 자

　㉢ 건축물 또는 토지만 소유한 자

② **매도청구의 절차**

　㉠ 사업시행계획인가의 고시일부터 **30일** 이내에 조합설립 또는 시행자의 지정에 관한 동의 여부를 회답할 것을 서면으로 **촉구**하여야 한다.

　㉡ 촉구를 받은 토지등소유자는 촉구를 받은 날부터 **2개월** 이내에 **회답**하여야 한다.

　㉢ 기간 내에 회답하지 아니한 경우 동의하지 아니하겠다는 뜻을 회답한 것으로 본다.

　㉣ 회답기간이 만료된 때부터 **2개월** 이내에 **매도청구**할 수 있다.

참고 건축물 또는 토지만 소유한 자에게는 서면촉구를 할 필요가 없다.

⑸ 토지분할청구

① 시행자 또는 추진위원회는 다음의 경우 건축법 규정에도 불구하고 분할하려는 토지면적이 분할제한 면적에 미달되더라도 토지분할을 청구할 수 있다.
  ㉠ 주택단지에서 재건축사업을 하는 경우
  ㉡ 조합 설립의 동의요건 충족을 위해 필요한 경우

② 토지분할대상이 되는 토지·건축물과 관련된 토지등소유자와 협의하여야 한다.

③ 토지분할의 협의가 성립되지 아니한 경우에는 법원에 토지분할을 청구할 수 있다.

④ 토지분할이 청구된 경우 토지분할이 완료되지 아니하여 동의요건에 미달되더라도 일정한 요건을 충족하는 경우에는 조합설립의 인가와 사업시행계획인가를 할 수 있다.

⑹ 주거환경개선사업에 대한 특례

① 주거환경개선사업에 따른 건축허가를 받는 때와 부동산등기를 하는 때에는 **국민주택채권**의 매입규정에 관한 규정은 **적용하지 아니한다.**

② 주거환경개선구역은 다음의 지역으로 결정·고시된 것으로 본다.

• 스스로 개량 방식 • 환지 방식	제2종일반주거지역
• 수용 방식 • 관리처분 방식	제3종일반주거지역

⑺ 계약의 해지

① 정비사업의 시행으로 지상권, 전세권 등의 설정목적을 달성할 수 없는 때에는 그 권리자는 계약을 해지할 수 있다.

② 전세금 등 금전반환청구권은 시행자에게 이를 행사할 수 있다.

③ 사업시행자는 당해 토지등소유자에게 이를 구상할 수 있다.
  ㉠ 구상이 되지 아니하는 때에는 당해 토지등소유자에게 귀속될 대지·건축물을 압류할 수 있다.
  ㉡ 압류한 권리는 저당권과 동일한 효력을 가진다.

④ 관리처분계획의 인가를 받은 경우 지상권·전세권 등의 계약기간에 대하여 민법·주택임대차보호법의 **계약기간 보호규정 적용하지 아니한다.**

제7절	**관리처분계획**

① 분양공고 · 통지 및 분양신청

(1) **분양공고 · 통지**: 사업시행자는 사업시행계획인가의 고시가 있은 날부터 **90일** (대통령령으로 정하는 경우에는 1회에 한정하여 30일의 범위에서 연장할 수 있다) 이내에 개략적인 부담금내역 및 분양신청기간 등을 토지등소유자에게 통지하고 일간신문에 공고하여야 한다.

(2) **분양신청기간**

① 분양신청기간은 그 통지한 날부터 **30일 이상 60일 이내**로 하여야 한다.

② 관리처분계획의 수립에 지장이 없다고 판단되는 경우에는 **20일의 범위 이내**에서 연장할 수 있다.

(3) **분양신청**: 대지 또는 건축물에 대한 분양을 받고자 하는 토지등소유자는 분양신청기간 이내에 사업시행자에게 분양신청을 하여야 한다.

(4) **투기과열지구에서의 분양신청 제한**

① 투기과열지구에서 관리처분계획에 따른 분양대상자(일반분양 포함) 및 그 세대에 속한 자는 분양대상자 선정일부터 5년 이내에는 투기과열지구에서 분양신청을 할 수 없다.

② 상속, 결혼, 이혼으로 조합원 자격을 취득한 경우에는 분양신청을 할 수 있다.

(5) **분양신청을 하지 않은 자에 대한 조치**

① 사업시행자는 관리처분계획이 인가 · 고시된 다음 날부터 **90일 이내**에 다음에서 정하는 자와 손실보상에 관한 **협의**를 하여야 한다. 다만, 사업시행자는 분양신청기간 종료일의 다음 날부터 협의를 시작할 수 있다.

㉠ 분양신청을 하지 아니한 자

㉡ 분양신청을 철회한 자

㉢ 투기과열지구에서 분양신청을 할 수 없는 자

㉣ 관리처분계획에 따라 분양대상에서 제외된 자

② 사업시행자는 협의가 성립되지 아니하면 그 기간의 만료일 다음 날부터 **60일 이내**에 **수용재결**을 신청하거나 **매도청구소송**을 제기하여야 한다.

② 관리처분계획

(1) 관리처분계획의 내용

① 분양설계

② 분양대상자의 주소 및 성명

③ 분양대상자별 분양예정인 대지·건축물의 추산액

④ 보류지 등의 명세와 추산액 및 처분방법(일반분양분, 기업형임대주택, 임대주택 등)

⑤ 분양대상자별 종전의 토지 또는 건축물의 명세 및 **사업시행계획인가**의 고시가 있은 날을 기준으로 한 **가격**

⑥ 정비사업비의 추산액 및 그에 따른 조합원 부담규모 및 부담시기

⑦ 분양대상자의 종전의 토지 또는 건축물에 관한 소유권 외의 권리명세

⑧ 세입자별 손실보상을 위한 권리명세 및 그 평가액

(2) 재산평가

① 관리처분계획 중 ㉠ 분양예정인 대지·건축물 추산액 ㉡ 종전 토지·건축물의 사업시행계획인가·고시일을 기준으로 한 가격 ㉢ 세입자별 손실보상을 위한 권리명세 및 평가액과 관련하여 재산 또는 권리를 평가할 때 다음의 **감정평가법인 등이 평가한 금액을 산술평균**하여 산정한다.

㉠ 주거환경개선사업 또는 재개발사업: 시장·군수 등이 선정·계약한 2인 이상의 감정평가법인 등

㉡ 재건축사업: 시장·군수 등이 선정·계약한 1인 이상의 감정평가법인 등과 조합총회의 의결로 선정·계약한 1인 이상의 감정평가법인 등

② 관리처분계획을 변경·중지·폐지하고자 하는 경우에는 분양예정인 대지·건축물의 추산액과 종전의 토지·건축물의 가격은 사업시행자 및 토지등소유자 전원이 합의하여 산정할 수 있다.

(3) 관리처분계획의 기준

① 종전 토지·건축물의 면적·이용상황·환경 그 밖의 사항을 종합적으로 고려하여 대지·건축물이 균형있게 배분되고 합리적으로 이용되도록 한다.

② 지나치게 좁거나 넓은 토지·건축물은 넓히거나 좁혀 대지·건축물이 적정규모가 되도록 한다.

③ 너무 좁은 토지·건축물이나 정비구역 지정후 분할된 토지를 취득한 자에게
　 는 현금으로 청산할 수 있다.

④ 재해 또는 위생상의 위해를 방지하기 위하여 토지의 규모를 조정할 특별한
　 필요가 있는 때에는 너무 좁은 토지를 넓혀 토지를 갈음하여 보상을 하거나
　 건축물의 일부와 그 건축물이 있는 **대지의 공유지분**을 교부할 수 있다.

⑤ 분양설계에 관한 계획은 분양신청기간이 **만료되는 날**을 기준으로 하여 수립
　 한다.

⑥ **주택의 공급**

　 ㉠ 1세대 또는 1명이 하나 이상의 주택 또는 토지를 소유한 경우 **1주택**을 공
　　 급한다.

　 ㉡ 같은 세대에 속하지 아니하는 2명 이상이 1주택 또는 1토지를 **공유한 경우**
　　 1주택만 공급한다.

　 ㉢ 2명 이상이 1토지를 공유한 경우로서 시·도 조례로 주택공급에 관하여
　　 따로 정하고 있는 경우에는 시·도 조례로 정하는 바에 따라 주택을 공급
　　 할 수 있다.

　 ㉣ 다음에 해당하는 토지등소유자에 대하여는 **소유한 주택수만큼 공급**할 수
　　 있다.
　　 ⓐ 과밀억제권역에 위치하지 아니하는 재건축사업
　　 ⓑ 근로자숙소·기숙사 용도로 주택을 소유하고 있는 토지등소유자
　　 ⓒ 국가, 지방자치단체 및 토지주택공사 등

　 ㉤ 종전 토지·건축물의 가격의 범위에서 **2주택**을 공급할 수 있고, 이 중 1주
　　 택은 주거전용면적을 **60m² 이하**로 한다. 다만, 60m² 이하로 공급받은 1주
　　 택은 소유권이전고시일 다음 날부터 3년이 지나기 전에는 주택을 **전매할**
　　 수 없다.

　 ㉥ **과밀억제권역**에 위치한 **재건축사업**의 경우 소유한 주택수의 범위에서
　　 3주택까지 공급할 수 있다. 다만, 투기과열지구 또는 조정대상지역에서 사
　　 업시행계획인가를 신청하는 재건축사업의 경우에는 그러하지 아니하다.

⑷ **관리처분계획의 인가**

① **인가권자**: 사업시행자는 분양신청기간이 종료된 때에는 분양신청현황을 기
　 초로 관리처분계획을 수립하여 시장·군수 등의 인가를 받아야 한다.
　 ㉠ 인가받은 관리처분계획을 변경·중지·폐지의 경우에도 인가를 받아야 한다.
　 ㉡ 경미한 사항을 변경하고자 하는 때에는 시장·군수 등에게 신고하여야 한다.

② 사업시행자는 관리처분계획의 인가를 신청하기 전에 관계 서류의 사본을 30일 이상 토지등소유자에게 공람하게 하고 의견을 들어야 한다.

③ 시장·군수 등은 관리처분계획의 인가신청이 있은 날부터 30일 이내에 인가 여부를 결정하여 사업시행자에게 통보하여야 한다.

④ **관리처분계획 인가·고시의 효과**: 관리처분계획의 인가고시가 있은 때에는 소유권 이전고시가 있은 날까지 종전의 토지 또는 건축물에 대하여 이를 사용하거나 수익할 수 없다.

⑸ 건축물의 철거

① **원칙**: 관리처분계획의 인가 후 기존 건축물을 철거

② **예외**: 관리처분계획의 인가 전에 기존 건축물을 철거할 수 있는 경우(기존 건축물의 소유자의 동의 및 시장·군수 등의 허가를 얻어야 한다)

　㉠ 기존 건축물의 붕괴 등 안전사고의 우려

　㉡ 폐공가의 밀집으로 범죄발생의 우려

③ 건축물의 철거는 토지등소유자로서의 권리·의무에 영향을 주지 아니한다.

⑹ 분양 받을 권리산정 기준일

① **기준일**: 정비구역의 지정·고시가 있은 날 또는 시·도지사가 투기억제를 위하여 기본계획수립 후 정비구역지정·고시 전에 따로 정하는 날

② 기준일의 다음 날부터 다음에 해당하는 경우 분양받을 권리는 기준일을 기준으로 산정

　㉠ 1필지의 토지가 수개의 필지로 분할

　㉡ 단독 또는 다가구주택이 다세대주택으로 전환

　㉢ 동일인 소유의 토지와 건축물을 토지와 건축물로 각각 분리하여 소유

　㉣ 나대지에 새로 건축, 기존 건축물 철거후 공동주택을 건축하여 토지등소유자가 증가

⑺ 지분형주택의 공급

① 시행자가 **토지주택공사 등**인 경우에는 분양대상자와 시행자가 공동 소유하는 방식으로 주택(지분형주택)을 공급할 수 있다.

② 지분형주택의 규모는 주거전용면적 60m^2 이하인 주택으로 한정한다.

③ 지분형주택의 공동 소유기간은 소유권을 취득한 날부터 **10년**의 범위에서 사업시행자가 정하는 기간으로 한다.

제8절 | 공사완료에 따른 조치 등

① 정비사업의 준공인가

(1) **준공인가**: 시장·군수 등이 아닌 시행자는 정비사업에 관한 공사를 완료한 때에는 **시장·군수 등**의 준공인가를 받아야 한다.

(2) **공사완료고시**: 시장·군수 등은 준공검사의 실시결과 정비사업이 인가받은 사업시행계획대로 완료되었다고 인정하는 때에는 준공인가를 하고 공사의 완료를 당해 지방자치단체의 공보에 고시하여야 한다.

(3) **준공인가 등에 따른 정비구역의 해제**

① 정비구역의 지정은 **준공인가**의 고시가 있은 날(관리처분계획을 수립하는 경우에는 이전고시가 있은 때를 말한다)의 **다음 날**에 **해제**된 것으로 **본다**.

② 정비구역의 해제는 조합의 존속에 영향을 주지 아니한다.

② 소유권 이전고시

(1) **소유권의 이전**: 사업시행자는 공사완료의 고시가 있은 때에는 지체없이 대지확정측량을 하고 토지의 **분할절차**를 거쳐 관리처분계획에 정한 사항을 분양을 받을 자에게 **통지**하고 대지 또는 건축물의 소유권을 **이전**하여야 한다.

(2) **이전고시**

① 소유권을 **이전**하려는 때에는 이를 **고시**한 후 이를 시장·군수 등에게 보고하여야 한다.

② 분양받을 자는 **고시일의 다음 날**에 그 대지 또는 건축물에 대한 소유권을 **취득**한다.

(3) **권리의 확정**: 대지 또는 건축물을 분양받을 자에게 **소유권을 이전한 경우** 종전의 토지 또는 건축물에 설정된 지상권·전세권·저당권·임차권·가등기담보권·가압류 등 등기된 권리 및 주택임대차보호법상 대항요건을 갖춘 임차권은 소유권을 **이전받은 대지 또는 건축물에 설정된 것으로 본다.**

(4) 등기

① 사업시행자는 이전고시가 있은 때에는 지체없이 대지 및 건축물에 관한 등기를 지방법원지원 또는 등기소에 촉탁 또는 신청하여야 한다.

② 이전고시가 있은 날부터 등기가 있을 때까지는 **다른 등기**를 하지 **못한다.**

■ 도시개발사업상 등기 와 정비법상 등기

구 분	도시개발법	정비법
등기의무자	시행자가 일괄하여 촉탁·신청	시행자가 일괄하여 촉탁·신청
등기시기	환지처분 공고일부터 14일 이내	소유권 이전고시후 지체없이
다른 등기 제한	환지처분 공고일 ~ 등기일	소유권 이전고시일 ~ 등기일
예외	환지처분전 등기원인, 서면증명	예외 없음

(5) 청산금

① **청산금의 징수·교부시기 : 이전고시가 있은 후에** 청산금을 분양받은 자로부터 징수하거나 분양받은 자에게 지급하여야 한다.

② **청산금의 평가 :** 규모·위치·용도·이용상황·정비사업비 등을 참작하여 평가

③ **분할징수 및 분할지급 :** 정관등에서 정하고 있거나 총회 의결을 거쳐 따로 정한 경우 관리처분계획인가 후부터 소유권이전의 고시일까지 일정기간별로 분할징수하거나 분할 지급할 수 있다.

④ **청산금의 강제징수 :** 납부하지 아니하는 경우

　㉠ 시장·군수 등인 시행자 : 지방세 체납처분의 예에 따라 징수할 수 있다.

　㉡ 시장·군수 등이 아닌 시행자 : **시장·군수 등에게** 청산금의 **징수를 위탁**할 수 있다(수수료 : 4%).

⑤ **청산금의 공탁 :** 청산금을 받을 수 없거나 거부한 때에는 청산금을 공탁할 수 있다.

⑥ **소멸시효 :** 청산금을 지급받을 권리 또는 이를 징수할 권리는 소유권이전의 고시일 다음 날부터 **5년간** 이를 행사하지 아니하면 소멸한다.

⑦ **저당권의 물상대위 :** 정비사업을 시행하는 지역안에 있는 토지 또는 건축물에 저당권을 설정한 권리자는 저당권이 설정된 토지 또는 건축물의 소유자가 지급받을 **청산금에 대하여** 청산금을 지급하기 전에 압류절차를 거쳐 **저당권을 행사할 수 있다.**

제9절	공공재개발 및 공공재건축

(1) 의의

① **공공재개발사업**: 다음 요건을 모두 갖추어 시행하는 재개발사업
  ㉠ **시장·군수 등** 또는 **토지주택공사 등**(조합과 공동으로 시행하는 경우를 포함)이 시행
  ㉡ 토지등소유자 대상 분양분을 제외한 나머지 주택의 세대수 또는 연면적의 **100분의 50 이상**을 지분형주택, 공공임대주택 또는 공공지원민간임대주택으로 건설·공급

② **공공재건축사업**: 다음 요건을 모두 갖추어 시행하는 재건축사업
  ㉠ **시장·군수 등** 또는 **토지주택공사 등**(조합과 공동으로 시행하는 경우를 포함)이 시행
  ㉡ 대통령령으로 정하는 세대수(종전 세대수의 100분의 160) 이상을 건설·공급할 것

(2) 공공재개발사업 예정구역

① 정비구역의 지정권자는 공공재개발사업을 추진하려는 구역을 공공재개발사업 예정구역으로 지정할 수 있다.

② 정비계획의 입안권자 또는 토지주택공사 등은 정비구역의 지정권자에게 공공재개발사업 예정구역의 지정을 신청할 수 있다.

③ 정비구역의 지정권자는 공공재개발사업 예정구역이 지정·고시된 날부터 **2년이 되는 날까지 정비구역으로 지정되지 아니하거나, 시행자가 지정되지 아니하면** 그 2년이 되는 날의 다음 날에 공공재개발사업 예정구역 지정을 **해제하여야 한다.** 다만, 1회에 한하여 1년의 범위에서 지정을 연장할 수 있다.

(3) 공공재개발 정비구역 지정

① 정비구역의 지정권자는 기본계획을 수립하거나 변경하지 아니하고 공공재개발사업을 위한 정비계획을 결정하여 정비구역을 지정할 수 있다.

② 정비계획의 입안권자는 공공재개발사업의 추진을 전제로 정비계획을 작성하여 정비구역의 지정권자에게 공공재개발사업을 위한 정비구역의 지정을 신청할 수 있다.

③ 공공재개발사업을 시행하려는 공공재개발사업 시행자는 정비계획의 입안권자에게 공공재개발사업을 위한 정비계획의 수립을 제안할 수 있다.

④ 정비계획의 지정권자는 공공재개발사업을 위한 정비구역을 지정·고시한 날부터 1년이 되는 날까지 공공재개발사업 시행자가 지정되지 아니하면 그 1년이 되는 날의 다음 날에 공공재개발사업을 위한 정비구역의 지정을 해제하여야 한다. 다만, 1회에 한하여 1년의 범위에서 지정을 연장할 수 있다.

⑷ 특례

① 지방도시계획위원회는 공공재개발·공공재건축 분과위원회를 둘 수 있다. 이 경우 분과위원회의 심의는 지방도시계획위원회 심의로 본다.

② 공공재개발사업 또는 공공재건축사업을 위한 정비구역의 지정·변경을 고시한 때에는 기본계획의 수립·변경이 고시된 것으로 본다.

⑸ 공공재개발사업에서의 용적률 완화

① 공공재개발사업 시행자는 공공재개발사업을 시행하는 경우 지방도시계획위원회 심의를 거쳐 **법적상한용적률의 100분의 120까지** 건축할 수 있다.

② **국민주택규모 주택 건설의무**(인수자에게 공급) : 법적상한초과용적률에서 정비계획으로 정하여진 용적률을 **뺀** 용적률의 100분의 20 이상 100분의 50 이하

⑹ 공공재건축사업에서의 용적률 완화

① 공공재건축사업을 위한 정비구역에 대해서는 해당 정비구역의 지정·고시가 있은 날부터 주거지역 중 대통령령으로 정하는 지역(종상향)으로 결정·고시된 것으로 보아 해당 지역에 적용되는 용적률 상한까지 용적률을 정할 수 있다.

② **국민주택규모 주택 건설의무**(인수자에게 공급) : 완화된 용적률에서 정비계획으로 정하여진 용적률을 **뺀** 용적률의 100분의 40 이상 100분의 70 이하

건축법

제1절 **총설**(용어정의)

(1) **리모델링**: 건축물의 노후화 억제, 기능 향상 등을 위하여 **대수선**하거나 일부 **증축** 또는 **개축**하는 행위

(2) **지하층**: 건축물의 바닥이 지표면아래에 있는 층으로서 그 바닥으로부터 지표 면까지의 **평균높이**가 당해 **층높이의 2분의 1** 이상인 것

- 단독주택, 공동주택의 지하층에는 거실을 설치할 수 없다.

참고 지하층은 층수에서 제외 되며, 용적률 산정을 위한 연면적 에서 제외된다.

(3) **주요구조부**: 바닥, 지붕틀, 보, 내력벽, 주계단, 기둥

참고 최하층바닥, 차양, 작은보, 옥외계단 등은 주요구조부가 아 니다.

(4) **고층 건축물**: 층수가 30층 이상이거나 높이가 120미터 이상인 건축물

(5) **초고층 건축물**: 층수가 50층 이상이거나 높이가 200미터 이상인 건축물

(6) **준초고층 건축물**: 고층건축물 중 초고층 건축물이 아닌 것

(7) **다중이용 건축물**

① **5천제곱미터** 이상인 종교시설, 의료시설 중 종합병원, 운수시설 중 여객용 시 설, 숙박시설 중 관광숙박시설, 문화 및 집회시설(동·식물원 제외), 판매시설

② **16층** 이상인 건축물

(8) **특수구조 건축물**

① 한쪽 끝만 고정된 구조물(보·차양 등)이 **3미터** 이상 돌출된 건축물

② 기둥과 기둥 사이의 거리가 **20미터** 이상인 건축물

제2절 │ 건축법의 적용범위

① 적용대상물

(1) 건축물

① 토지에 정착하는 공작물중 **지붕과 기둥 또는 벽**이 있는 것

② 이에 딸린 시설물(대문, 담장 등)

③ 지하 또는 고가의 공작물에 설치하는 사무소 · 공연장 · 점포 · 차고 · 창고 등

💡 **건축법이 적용되지 아니하는 건축물**

　ㄱ 「문화유산의 보존 및 활용에 관한 법률」에 따른 **지정문화유산**이나 **임시지** 정문화유산 또는 「자연유산의 보존 및 활용에 관한 법률」에 따라 지정된 천연기념물 등이나 임시지정천연기념물, 임시지정명승, 임시지정시 · 도자 연유산, 임시자연유산자료

　ㄴ 철도 · 궤도 **선로부지안**의 운전보안시설, 보행시설, 플랫트홈, 급수 · 급 탄 · 급유시설

　ㄷ 고속도로 **통행료징수시설**

　ㄹ **컨테이너**를 이용한 **간이창고**(공장의 대지에 설치, 이동이 쉬운 것)

　ㅁ 하천구역안의 **수문조작실**

> **참고** 철도역사, 철도시설은 건축법이 적용되는 건축물이다.

> **참고** 고속도로 휴게소는 건축법이 적용되는 건축물이다.

(2) **대지**: 필지로 구획된 토지(1필지 = 1대지)

① 둘 이상의 필지를 하나의 대지로 할 수 있는 토지

　ㄱ **2필지 이상에 걸쳐** 건축하는 경우

　ㄴ 공간정보의 구축 및 관리 등에 관한 법률에 의하여 **합병이 불가능한 경우** 중 (i) **지번지역**이 다른 경우, (ii) **축척**이 다른 경우, (iii) **지반**이 연속되 지 아니한 경우

　ㄷ **도시 · 군계획시설**이 설치되는 일단의 토지

　ㄹ 주택법에 의한 사업계획의 승인을 얻어 주택 등을 건축하는 **주택단지**

　ㅁ **도로의 지표하**에 건축하는 건축물 → 특별시장 · 광역시장 · 시장 · 군수 · 구청장이 정하는 토지

　ㅂ 사용승인을 신청할 때 둘 이상의 필지를 하나의 필지로 합칠 것을 조건으로 건축허가를 하는 경우: 그 필지가 합쳐지는 토지

> **참고** 소유자, 소유권외의 권리 관계가 다른 경우 하나의 대지로 할 수 없다.

② 하나 이상의 필지의 일부를 하나의 대지로 할 수 있는 토지

    ㉠ 도시 · 군계획시설 결정 · 고시가 있는 부분의 토지

    ㉡ 개발행위허가받은 부분의 토지

    ㉢ 농지전용허가를 받은 부분의 토지

    ㉣ 산지전용허가를 받은 부분의 토지

    ㉤ 사용승인을 신청할 때 필지를 나눌 것을 조건으로 건축허가를 하는 경우
      : 그 필지가 나누어지는 토지

(3) **공작물** : 시장 · 군수 · 구청장에게 신고를 해야 하는 공작물

2m 넘는	옹벽, 담장
4m 넘는	광고, 장식탑, 첨탑 등
6m 넘는	철탑, 굴뚝
8m 넘는	고가수조
8m 이하	기계식주차장
5m 넘는	태양에너지
30m^2 넘는	지하대피호

② 건축법의 적용대상행위

(1) 건축

신축	• 건축물이 없는 대지에 새로이 건축물을 축조 • 기존건축물이 해체 또는 멸실된 대지에서 종전 규모를 초과하는 경우 • 부속건축물만 있는 대지에 새로이 주된 건축물을 축조하는 경우
증축	• 건축물의 건축면적 · 연면적 · 층수 또는 높이의 증가 • 일부 해체 · 멸실후 종전 규모를 초과하는 경우
개축	• 기존건축물의 전부 · 일부 해체후 종전과 동일규모로 다시 축조하는 경우 • 일부 : 내력벽 · 기둥 · 보 · 지붕틀 중 셋 이상이 포함되는 경우
재축	• 건축물이 멸실된 경우에 종전과 동일규모로 다시 축조
이전	• 주요구조부를 해체하지 아니하고 같은 대지안의 다른 위치로 옮기는 것

(2) **대수선**: 주요구조부의 수선·변경, 외부형태의 변경

　① 방화벽 또는 방화구획을 위한 **바**닥 또는 벽의 증설·해체, 수선·변경

　② **지붕틀**의 증설·해체, 지붕틀을 세 개 이상 수선·변경

　③ **보**의 증설·해체, 보를 세 개 이상 수선·변경

　④ **내력벽**의 증설·해체, 내력벽의 벽면적을 $30m^2$ 이상 수선·변경

　⑤ **주계단·피난계단** 또는 특별피난계단의 증설·해체, 수선·변경

　⑥ **기둥**의 증설·해체, 기둥을 세 개 이상 수선·변경

　⑦ 다가구주택·다세대주택의 가구·세대간 **경계벽**의 증설·해체, 수선·변경

　⑧ 건축물 외벽의 **마감재료**를 증설·해체, 벽면적 $30m^2$ 이상 수선·변경

(3) **용도변경**

　① **용도변경의 시설군**

	시설군	건축물의 용도
신고 ↑ ↓ 허가	자동차관련 시설군	자동차관련시설
	산업등 시설군	장례시설, 위험물저장·처리시설, 자원순환관련시설, 묘지관련시설, 창고시설, 공장, 운수시설
	전기통신시설군	방송통신시설, 발전시설
	문화집회시설군	문화·집회시설, 종교시설, 관광휴게시설, 위락시설
	영업시설군	판매시설, 다중생활시설, 운동시설, 숙박시설
	교육 및 복지시설군	노유자시설, 교육연구시설, 수련시설, 야영장시설, 의료시설
	근린생활시설군	제1종 근린생활시설, 제2종 근린생활시설
	주거업무시설군	단독주택, 공동주택, 업무시설, 국방·군사시설, 교정시설
	기타 시설군	동물 및 식물관련시설

　② **용도변경의 허가·신고**

　　㉠ 허가: 하위시설군에서 상위시설군으로의 변경

　　㉡ 신고: 상위시설군에서 하위시설군으로의 변경

　　㉢ **동일한 시설군에서의 변경**: 건축물대장 **기재사항**의 변경 신청

참고 같은 시설군 안에서 용도를 변경하는 경우 허가 또는 신고의 대상이 아니다.

③ 기타

　ㄱ 사용승인 준용: 용도변경 면적 100m² 이상(용도변경 허가 또는 신고 대상인 경우)

　ㄴ 건축사의 설계: 용도변경 면적 500m² 이상(용도변경 허가 대상인 경우)

💡 건축물의 용도

① 단독주택

단독주택	
다중주택	• 학생·직장인이 장기간 거주 • 독립 주거형태가 아닌 것(실별 욕실 ○, 실별 취사시설 ×) • 주택으로 쓰는 층수가 3개층 이하 • 1개 동의 주택으로 쓰이는 바닥면적의 합계가 660m² 이하
다가구주택	• 19세대 이하가 거주 • 주택으로 쓰는 층수가 3개층 이하 • 1개 동의 주택으로 쓰이는 바닥면적의 합계가 660m² 이하
공관	

② 공동주택

아파트	• 주택으로 쓰는 층수가 5개층 이상인 주택
연립주택	• 주택으로 쓰는 1개 동의 바닥면적 합계 660m² 초과, 층수 4개층 이하
다세대주택	• 주택으로 쓰는 1개 동의 바닥면적 합계 660m² 이하, 층수 4개층 이하
기숙사	

③ 제1종근린생활시설

　ㄱ 일용품을 판매하는 소매점(1천m² 미만)

　ㄴ 휴게음식점 등(300m² 미만)

　ㄷ 이용원·미용원·일반목욕장 및 세탁소

　ㄹ 의원·치과의원·한의원, 침술원, 조산원, 산후조리원, 안마원 등

　ㅁ 지역자치센터·경찰관파출소·소방서·보건소 등(1천m² 미만)

　ㅂ 마을회관, 마을공동작업소 등

　ㅅ 변전소, 양수장, 정수장 등

　ㅇ 금융업소, 사무소, 부동산중개사무소 등(30m² 미만)

　ㅈ 전기자동차 충전소(1천m² 미만)

　ㅊ 동물병원, 동물미용실(300m² 미만)

참고 치료 관련 시설의 용도
1. 의원: 제1종근린생활시설
2. 병원: 의료시설
3. 동물병원: 근린생활시설
　• 300m² 미만: 제1종
　• 300m² 이상: 제2종

④ **제2종근린생활시설**
 ㉠ 총포판매소 · 사진관 · 표구점 · 일반음식점 · 장의사 · 동물병원 · 독서실 · 기원 · 안마시술소 · 노래연습장
 ㉡ 다중생활시설(500m^2 미만)
 ㉢ 금융업소, 사무소, 부동산중개사무소 등(500m^2 미만)
 ㉣ 동물병원, 동물미용실(300m^2 이상)

⑤ **문화 및 집회시설** : 공연장, 집회장, 전시장, 관람장 등

⑥ **종교시설** : 종교집회장

⑦ **판매시설** : 도매시장, 소매시장, 상점(1천m^2 이상) 등

⑧ **운수시설** : 여객자동차터미널, 철도시설, 공항시설, 항만시설 등

⑨ **의료시설** : 병원

⑩ **교육연구시설** : 학교(유치원 등), 학원, 연구소, 도서관 등

⑪ **노유자시설** : 노인복지시설, 아동관련시설(어린이집 등)

⑫ **수련시설** : 청소년수련관, 청소년수련원, 청소년양영장, 유스호스텔 등

⑬ 운동시설

⑭ **업무시설** : 공공업무시설, 일반업무시설(오피스텔 등)

⑮ **숙박시설** : 다중생활시설(500m^2 이상)

⑯ **위락시설** : 유흥주점, 무도장, 무도학원, 카지노영업소 등

⑰ 공장

⑱ **창고시설** : 창고, 물류터미널, 집배송시설

⑲ **위험물저장 및 처리시설** : 주유소, 액화석유가스 충전소 등

⑳ **자동차관련시설** : 운전학원, 주차장, 세차장, 정비공장 등

㉑ **동물 및 식물관련시설** : 축사, 도축장, 도계장, 온실 등

㉒ **자원순환관련시설** : 하수처리시설, 고물상, 폐기물재활용시설 등

㉓ **교정시설** : 구치소, 교도소, 소년원 등

㉔ 국방 · 군사시설

㉕ **방송통신시설** : 방송국, 전신전화국, 촬영소, 데이터센터 등

㉖ **발전시설** : 발전소

㉗ **묘지관련시설** : 화장시설, 봉안당, 동물화장시설, 동물건조장 등

참고 동물원 · 식물원은 문화 및 집회시설에 속한다.

㉘ **관광휴게시설** : 야외음악당, 야외극장, 어린이회관, 관망탑, 휴게소 등

㉙ **장례시설** : 장례식장, 동물 전용의 장례식장

㉚ **야영장 시설** : 관리동, 샤워실, 대피소 등(300m^2 미만)

③ 건축법의 적용지역

(1) **전면적용지역** : 도시지역, 지구단위계획구역, 동·읍(500명 미만 섬 제외)

(2) **일부규정 적용배제** : 전면적용 지역 이외의 지역은 다음의 규정을 적용하지 아니한다.

① 대지와 도로와의 관계 / 대지의 분할제한

② 도로의 지정·폐지 및 변경

③ 건축선의 지정 / 건축선에 의한 건축제한

③ 방화지구안의 건축물

제3절 **건축물의 건축**

① 건축에 관한 입지 및 규모의 사전결정

① 건축허가를 신청하기 전에 허가권자에게 그 건축물을 해당 대지에 건축하는 것이 허용되는지 여부, 건축 가능한 건축물의 규모 등에 대한 사전결정을 신청할 수 있다.

② 사전결정을 통지받은 날부터 2년 이내에 건축허가를 신청하여야 하며, 이 기간에 건축허가를 신청하지 아니하면 사전결정의 효력이 상실된다.

③ **의제사항** : 농지전용허가, 개발행위허가, 산지전용허가, 하천점용허가

② 건축허가

(1) 허가권자 및 허가대상

① **원칙** : 건축물을 건축하거나 대수선하려는 자는 **시장 · 군수 · 구청장**의 허가를 받아야 한다.

② **예외** : 충수가 21층 이상이거나 연면적의 합계가 10만㎡ 이상인 건축물(연면적의 10분의 3 이상을 증축에 의한 경우 포함하되, 공장과 창고는 제외)을 특별시나 광역시에 건축하려면 **특별시장**이나 **광역시장**의 허가를 받아야 한다.

(2) 사전승인 : 시장 · 군수는 다음의 건축물의 건축을 허가하려면 도지사의 승인을 받아야 한다.

① 충수가 21층 이상이거나 연면적의 합계가 10만㎡ 이상인 건축물(연면적의 10분의 3 이상을 증축에 의한 경우 포함하되, 공장과 창고는 제외)

② **자연환경 · 수질** 보호를 위하여 도지사가 지정 · 공고하는 구역에서 건축하는 다음의 건축물

  ㉠ **3층 이상, 연면적 1천㎡ 이상**

  ㉡ 위락시설, 숙박시설, **공동주택, 일반업무시설, 일반음식점**

③ **주거환경 · 교육환경** 등을 위해 도지사가 지정 · 공고하는 구역안에서 건축하는 위락시설, 숙박시설

> **참고** 주거환경 · 교육환경을 위한 구역 안에서 사전승인의 대상은 건축물의 규모에 관계없다.

(3) 대지 소유권 확보 및 매도청구

① **원칙** : 건축허가를 받으려는 자는 해당 대지의 소유권을 확보하여야 한다.

② **예외** : 소유권 확보 없이 허가신청이 가능한 경우

  ㉠ 대지 사용권 확보(분양목적의 공동주택은 제외)

  ㉡ 공유자 수 및 공유지분 80% 이상의 동의

③ **매도청구** : ②의 ㉡에 따라 건축허가 받은 건축주 → 동의 아니한 공유자에게 시가로 매도할 것을 청구, 청구 전 공유자와 3개월 이상 협의

(4) 건축허가의 거부 : 허가권자는 다음의 경우 건축위원회의 심의를 거쳐 건축허가를 하지 아니할 수 있다.

① 위락시설, 숙박시설에 해당하는 건축물의 건축을 허가하는 경우 **주거환경**이나 **교육환경** 등 주변 환경을 고려할 때 부적합하다고 인정되는 경우

② 상습적으로 **침수**되거나 침수가 우려되는 지역에 건축하려는 건축물에 대하여 일부 공간에 **거실**을 설치하는 것이 **부적합**하다고 인정되는 경우

⑸ **건축허가의 취소**

① **취소사유**: 다음에 해당하면 허가를 취소하여야 한다.
  ㉠ 허가를 받은 날부터 2년(공장은 3년) 이내에 공사에 착수하지 아니한 경우
  ㉡ 공사의 완료가 불가능하다고 인정되는 경우
  ㉢ 착공신고 전에 경매·공매 등으로 건축주가 대지의 소유권을 상실한 때부터 6개월이 경과한 이후 공사의 착수가 불가능하다고 판단되는 경우

② **착수기간의 연장**: 1년 범위내

⑹ **건축허가의 제한**: 착공제한, 용도변경 제한 포함

① **제한권자**
  ㉠ 국토교통부장관: 국토관리를 위하여 필요하거나 주무부장관이 요청하면 허가권자의 건축허가나 허가를 받은 건축물의 착공을 제한할 수 있다.
  ㉡ 특별시장·광역시장·도지사: 지역계획이나 도시·군계획에 특히 필요하다고 인정하면 시장·군수·구청장의 건축허가나 허가를 받은 건축물의 착공을 제한할 수 있다.

② **제한기간**: 2년 이내, 1회한 1년 범위내 연장 가능

③ **제한절차**
  ㉠ 주민의견을 청취한 후 건축위원회의 심의
  ㉡ 허가권자에게 통보, 허가권자가 공고

④ 특별시장·광역시장·도지사는 시장·군수·구청장의 건축허가나 건축물의 착공을 제한한 경우 즉시 국토교통부장관에게 보고하여야 하며, 보고를 받은 국토교통부장관은 제한 내용이 지나치다고 인정하면 해제를 명할 수 있다.

③ 건축신고

⑴ **건축신고의 의의**: 허가대상 건축물이라 하더라도 다음의 ⑵에 해당하는 경우에는 시장·군수·구청장에게 신고를 하면 건축허가를 받은 것으로 본다.

⑵ **신고대상**

① 바닥면적의 합계가 **85m^2** 이내의 증축·개축·재축(3층 이상인 건축물은 증축·개축·재축하려는 면적이 연면적의 10분의 1 이내인 경우로 한정)

② 관리지역 · 농림지역 · 자연환경보전지역에서 연면적이 $200m^2$ 미만이고 3층 미만인 건축물의 건축(지구단위계획구역, 재해취약지역에서의 건축은 제외)

③ 연면적 $200m^2$ 미만이고 3층 미만인 건축물의 대수선

④ 대수선 중 주요구조부와 관련된 수선(증설×, 해체×, 변경×)

⑤ **연면적의 합계 $100m^2$ 이하인 건축물의 건축**

⑥ 건축물의 높이를 3m 이하의 범위안에서 증축하는 건축물

⑦ 표준설계도서에 의한 건축물

⑧ 공업지역, 지구단위계획구역, 산업단지에서 건축하는 연면적 합계 $500m^2$ 이하의 건축물로서 2층 이하인 공장

⑨ 읍 · 면지역에서 농업 · 수산업용 건축물
  ㉠ 연면적 $200m^2$ 이하: 창고
  ㉡ 연면적 $400m^2$ 이하: 축사 · 작물재배사 등

⑶ 신고의 효력상실

① 신고를 한 자가 신고일부터 1년 이내에 공사에 착수하지 아니하면 그 신고의 효력은 없어진다.

② 건축주의 요청에 따라 허가권자가 정당한 사유가 있다고 인정하면 1년의 범위에서 착수기한을 연장할 수 있다.

④ 허가 · 신고사항의 변경

⑴ **변경 허가 · 신고**: 변경하기 전에 허가권자의 허가, 시장 · 군수 · 구청장에게 신고

① 바닥면적의 합계가 $85m^2$를 초과하는 부분에 대한 신축 · 증축 · 개축에 해당하는 변경인 경우에는 허가를 받고, 그 밖의 경우에는 신고할 것

② 신고대상 건축물의 경우 변경후의 규모가 신고대상 규모인 경우 신고

③ 건축주 · 설계자 · 시공자 · 감리자를 변경하는 경우 신고할 것

⑵ 일괄변경신고

① 사용승인 신청하는 때에 허가권자에게 일괄하여 신고

② **대상**: 바닥면적($50m^2$), 연면적(1/10), 높이(1m, 1/10), 위치(1m), 대수선 등

⑤ 가설건축물

(1) 허가대상 가설건축물

① **허가대상**: 도시·군계획시설 또는 그 예정지에서 건축하는 가설건축물

② **허가기준**

  ㉠ 철근콘크리트조 또는 철골철근콘크리트조가 아닐 것

  ㉡ 존치기간은 3년 이내일 것

  ㉢ 3층 이하일 것

  ㉣ 전기·수도·가스 등 새로운 간선공급설비의 설치를 요하지 아니할 것

  ㉤ 분양을 목적으로 건축하는 건축물이 아닐 것

(2) 신고대상 가설건축물

① **신고대상**

  ㉠ 전시를 위한 견본주택

  ㉡ 조립식구조의 **경비용** 가설건축물(10m^2 이하)

  ㉢ 주거·상업·공업지역內 농·어업용 **비닐하우스**(100m^2 이상)

  ㉣ 간이축사용 비닐하우스(100m^2 이상)

  ㉤ **야외흡연실**(50m^2 이하)

② **존치기간**: 신고하여야 하는 가설건축물의 존치기간은 3년 이내

  ㉠ 존치기간 만료 고지: 시·군·구가 건축주에게 만료 30일 전까지

  ㉡ 존치기간 연장: 시장·군수·구청장에게 허가를 신청하거나 신고

    ⓐ 허가대상 가설건축물: 존치기간 만료 14일 전까지 허가 신청

    ⓑ 신고대상 가설건축물: 존치기간 만료 7일 전까지 신고

⑥ 건축물의 사용승인

(1) 사용승인의 신청

① **신청시기**

  ㉠ 허가·신고 건축물의 건축공사 완료 후

  ㉡ 하나의 대지에 2 이상의 건축물을 건축하는 경우 동별 공사를 완료한 경우

② **신청방법**: 공사완료도서, 감리완료보고서 첨부

⑵ **사용승인서의 교부**

① 신청서 접수일부터 7일내에 사용승인을 위한 검사를 실시하고 검사에 합격한 건축물에 대하여 사용승인서를 내주어야 한다.

② **조례가 정하는 건축물**: 검사를 실시하지 아니하고 사용승인서를 내줄 수 있다.

⑶ **건축물의 사용시기**

① **원칙**: 사용승인을 받은 후가 아니면 건축물을 사용할 수 없다.

② **예외**: 다음의 경우에는 사용승인 없이 건축물을 사용할 수 있다.

  ㉠ 허가권자가 7일 이내에 사용승인서를 교부하지 아니한 경우

  ㉡ **임시사용승인을 받은 경우**

   ⓐ 임시사용승인의 기간은 2년 이내로 한다.

   ⓑ 공사기간이 긴 건축물에 대하여 임시사용승인 기간을 연장할 수 있다.

⑦ **공용건축물에 대한 특례**

① **국가 · 지방자치단체의 건축물 건축 · 대수선 · 용도변경, 가설건축물 건축, 공작물 축조**: 허가권자와 협의하여야 한다.

② **협의한 건축물**

  ㉠ 허가를 받았거나 신고한 것으로 본다.

  ㉡ 사용승인의 규정은 적용하지 아니한다.

제**4**절 │ **건축물의 대지 및 도로**

① **대지**

⑴ **대지의 안전**

① 대지는 이와 인접하는 도로면보다 낮아서는 아니된다. 다만, 배수에 지장이 없는 등의 경우에는 인접한 도로면보다 낮아도 된다.

② **습한 토지 등에서 건축하는 경우**: 성토, 지반의 개량 기타 필요한 조치를 하여야 한다.

③ **배수시설 설치**: 대지에는 하수관 · 하수구 · 저수탱크 등의 시설을 하여야 한다.

④ **옹벽의 설치 등**

㉠ 손궤의 우려가 있는 토지에 대지를 조성하려면 옹벽설치 등 조치를 하여야 한다.

㉡ 옹벽설치기준 : 손궤의 우려가 있는 토지에 대지를 조성하는 경우에는 다음의 조치를 하여야 한다.

ⓐ 경사도가 1 : 1.5 이상으로서 높이가 1미터이상인 부분에는 옹벽을 설치할 것

ⓑ 옹벽의 높이가 2미터 이상인 경우에는 이를 콘크리트구조로 할 것

ⓒ 옹벽의 외벽면에는 이의 지지 또는 배수를 위한 시설외의 구조물이 밖으로 튀어 나오지 아니하게 할 것

(2) **대지안의 조경**

① **원칙** : 대지면적 $200m^2$ 이상인 대지에 건축하는 경우 조경 기타 필요한 조치를 하여야 한다.

② **조경의무가 면제되는 건축물**

㉠ 녹지지역, 관리지역, 농림지역, 자연환경보전지역

㉡ 염분

㉢ 축사

㉣ 가설건축물

㉤ 공장 : 대지 $5000m^2$ 미만, 연면적 $1500m^2$ 미만, 산업단지

㉥ 물류시설 : 연면적 $1500m^2$ 미만, 단, 주거 · 상업지역에서는 조경의무가 있다.

③ **옥상조경** : 옥상조경의 3분의 2를 대지의 조경면적으로 산정, 산정된 면적은 조경면적의 100분의 50을 초과할 수 없다.

(3) **공개공지**

참고 공개공지 설치기준 등

1. 공개공지는 필로티의 구조로 설치할 수 있다.
2. 조경면적과 매장유산의 현지보존 조치 면적을 공개공지 등의 면적으로 할 수 있다.
3. 공개공지 설치대상이 아님에도 공개공지를 설치하는 경우 건축기준을 완화하여 적용할 수 있다.

① **설치목적** : 일반이 사용할 수 있는 휴식시설 확보로 쾌적한 환경 조성

② **설치대상지역** : 일반주거지역, 준주거지역, 상업지역, 준공업지역

③ **대상건축물**

㉠ 바닥면적의 합계가 5천m^2 이상

㉡ 문화 · 집회시설, 종교시설, 판매시설(농수산물유통시설 제외), 운수시설(여객용 시설만 해당), 업무시설, 숙박시설

④ **공개공지의 면적** : 대지면적의 100분의 10 이하의 범위로 조례로 정한다.

⑤ **건축기준의 완화** : 용적률, 높이제한의 1.2배 이하(건폐율의 1.2배 ×)

⑥ **공개공지에서의 문화행사 및 판촉활동** : 연간 60일 이내

② 도로

(1) 도로의 의의: 보행 및 자동차통행이 가능, 너비 4m 이상, 예정도로 포함

① 관계법령에 의하여 신설 또는 변경에 관한 고시가 된 도로

② 건축허가 또는 신고시 시·도지사 또는 시장·군수·구청장 지정·공고한 도로

(2) 도로의 지정·폐지

① 허가권자가 도로의 위치를 지정·공고하려면 이해관계인의 동의를 받아야 한다.

② **다음의 경우 이해관계인 동의 없이 건축위원회 심의를 거쳐 지정**

ⓐ 해외 거주 등 동의를 얻기가 곤란한 경우

ⓑ 장기간 통행로로 이용하고 있는 사실상의 통로

③ 도로를 폐지 또는 변경하려면 이해관계인의 동의를 받아야 한다.

참고 도로를 폐지·변경할 때에는 동의의 예외가 없다.

(3) 도로의 소요너비

① **원칙**: 4m 이상

② **도로 폭의 예외**

㉠ 차량통행 곤란한 경우: 3m 이상

㉡ 막다른 도로

막다른 도로의 길이	도로의 소요너비
10m 미만	2m 이상
10m 이상 35m 미만	3m 이상
35m 이상	6m 이상(도시지역이 아닌 읍·면은 4m)

(4) 대지와 도로와의 관계

① **원칙**: 대지는 2m 이상을 도로에 접하여야 함

② **예외**: 도로에 접하지 아니하여도 되는 경우

㉠ 당해 건축물의 출입에 지장이 없는 경우

㉡ 건축물의 주변에 공원 등 공지(건축금지, 공중통행 가능)가 있는 경우

㉢ 농막

③ 연면적의 합계가 2천m^2(공장은 3천m^2) 이상인 건축물(축사, 작물 재배사는 제외)의 대지는 너비 6m 이상의 도로에 4m 이상 접하여야 한다.

③ 건축선

(1) 건축선의 개념

　① 도로와 접한 부분에 있어서 건축물을 건축할 수 있는 선

　② 대지와 도로의 경계선을 건축선으로 하는 것이 원칙

(2) 건축선의 지정

　① 소요너비에 미달되는 도로에서의 건축선

　　㉠ 도로의 중심선으로부터 소요너비의 2분의 1에 상당하는 수평거리를 후퇴한 선

　　㉡ 도로 반대쪽에 경사지·하천·철도 등이 있는 경우: 경사지등이 있는 쪽 도로경계선에서 소요너비에 상당하는 수평거리의 선

　② 도로의 모퉁이에서의 건축선(가각전제)

참고 도로 모퉁이에서의 건축선은 120° 미만의 교차각을 가지고 4m 이상 8m 미만의 도로가 교차하는 경우에 지정된다.

도로의 교차각	해당 도로의 너비		교차되는 도로의 너비
	6m 이상 8m 미만	4m 이상 6m 미만	
90° 미만	4m	3m	6m 이상 8m 미만
	3m	2m	4m 이상 6m 미만
90° 이상 120° 미만	3m	2m	6m 이상 8m 미만
	2m	2m	4m 이상 6m 미만

　③ 시장·군수·구청장이 지정하는 건축선

　　㉠ 지정목적: 건축물의 위치 정비, 환경 정비

　　㉡ 지정범위: 도시지역에서는 4m 이하의 범위

(3) 건축선에 의한 건축제한

　① 건축물 및 담장은 건축선의 수직면을 넘어서는 아니된다.

　② 지표하의 부분은 건축선 적용하지 아니한다.

　③ 도로면으로부터 높이 4.5m 이하에 있는 출입구·창문 등은 열고 닫을 때 건축선의 수직면을 넘지 아니하는 구조로 하여야 한다.

제5절　개별건축제한

① 건축물의 대지가 지역·지구 또는 구역에 걸치는 경우의 조치

(1) 원칙

대지가 이 법이나 다른 법률에 따른 지역·지구 또는 구역에 걸치는 경우에는 그 건축물과 대지의 전부에 대하여 대지의 과반(過半)이 속하는 지역·지구 또는 구역 안의 건축물 및 대지 등에 관한 이 법의 규정을 적용한다.

(2) 방화지구 특례

① 하나의 건축물이 방화지구와 그 밖의 구역에 걸치는 경우에는 그 전부에 대하여 방화지구 안의 건축물에 관한 이 법의 규정을 적용한다.

② 다만, 건축물의 방화지구에 속한 부분과 그 밖의 구역에 속한 부분의 경계가 방화벽으로 구획되는 경우 그 밖의 구역에 있는 부분에 대하여는 그러하지 아니하다.

(3) 녹지지역 특례

① 대지가 녹지지역과 그 밖의 지역·지구 또는 구역에 걸치는 경우에는 각 지역·지구 또는 구역 안의 건축물과 대지에 관한 이 법의 규정을 적용한다.

② 다만, 녹지지역 안의 건축물이 방화지구에 걸치는 경우에는 (2)에 따른다.

② 면적·높이 등의 산정방법

(1) 대지면적

① 대지면적은 대지의 수평투영면적으로 한다.

② 대지면적에서 제외되는 부분

　㉠ 대지 안에 건축선이 정하여진 경우 그 건축선과 도로사이의 대지면적

　㉡ 대지 안에 도시·군계획시설인 도로·공원 등에 포함되는 대지면적

참고 시장·군수·구청장이 지정하는 건축선의 경우는 대지면적에 포함된다.

(2) 건축면적

① 외벽(외벽이 없는 경우 외곽부분의 기둥)의 중심선

② 지표면으로부터 1m 이하에 있는 부분은 건축면적에 산입하지 아니한다.

③ 1m 이상 돌출된 부분: 그 끝부분으로부터 다음의 수평거리 후퇴

　㉠ 전통사찰은 4m　㉡ 축사는 3m　㉢ 한옥은 2m　㉣ 그 밖의 건축물은 1m

(3) 바닥면적

① 벽·기둥 등과 비슷한 구획의 중심선으로 둘러싸인 부분의 수평투영면적

② **벽·기둥 등의 구획이 없는 건축물**: 지붕 끝부분으로부터 1m 후퇴

③ **노대**(발코니) = 노대 면적 − (노대등이 접한 길이 × 1.5m)

④ **바닥면적에서 제외되는 부분**

   ㉠ 필로티·승강기탑·계단탑·장식탑·기계실·전기실 등

   ㉡ **다락**: 층고가 1.5m(경사진 형태의 지붕은 1.8m) 이하인 경우 바닥면적에서 제외

(4) **연면적**

① 하나의 건축물의 각 층의 바닥면적의 합계

② **용적률의 산정 시 제외되는 면적**

   ㉠ 지상층의 **주차용**으로 사용되는 면적

   ㉡ **지**하층의 면적

   ㉢ 경사지붕 아래에 설치하는 대피공간의 면적

   ㉣ 초고층 건축물의 **피난안전구역**의 면적

(5) **높이**

① 지표면으로부터 당해 건축물의 상단까지의 높이

② **1층 전체가 필로티인 경우**: 필로티의 층고 제외

③ **옥상의 승강기탑·계단탑 등**: 그 면적의 합계가 건축면적의 8분의 1($85m^2$ 이하의 공동주택은 6분의 1) 이하인 경우 12m 넘는 부분만 높이에 산입

(6) **층수**

① **층수산정시 제외되는 부분**

   ㉠ **옥상의 승강기탑·계단탑 등**: 그 면적의 합계가 건축면적의 8분의 1($85m^2$ 이하의 공동주택은 6분의 1) 이하인 경우 층수에 산입하지 아니한다.

   ㉡ **지하층**은 건축물의 층수에 산입하지 아니한다.

② **층의 구분이 명확하지 아니한 건축물**: 4m마다 하나의 층으로 산정

③ **부분에 따라 층수를 달리하는 경우**: 가장 많은 층수로 산정

(7) 기타

① **처마높이** : 지표면으로부터 건축물의 지붕틀 또는 이와 유사한 수평재를 지지하는 벽·깔도리 또는 기둥의 상단까지의 높이

② **반자높이** : 방의 바닥면으로부터 반자까지의 높이

③ **층고** : 방의 바닥구조체 **윗면**으로부터 위층 바닥구조체의 **윗면**까지의 높이

③ 대지의 분할제한

(1) **대지의 분할제한 면적** : 건축물이 있는 대지는 대통령령으로 정하는 범위에서 해당 지방자치단체의 조례로 정하는 면적에 못 미치게 분할할 수 없다.

① **주거지역** : 60m²

② **상업지역** : 150m²

③ **공업지역** : 150m²

④ **녹지지역** : 200m²

⑤ **기타 지역** : 60m²

(2) **관계규정에 의한 대지의 분할제한** : 대지와 도로와의 관계, 용적률, 건폐율, 대지안의 공지, 가로구역별 높이 제한, 일조확보를 위한 높이 제한

참고 건축선, 대지안의 조경, 공개공지 등은 대지분할제한과 관계 없다.

④ 대지안의 공지

건축선 및 인접대지경계선으로부터 6m 이내의 범위에서 대통령령이 정하는 바에 의하여 조례로 정하는 거리 이상을 띄어야 한다.

⑤ 건축물의 높이제한

(1) **가로구역별 최고높이 제한**

① 허가권자는 가로구역을 단위로 건축물의 높이를 지정·공고할 수 있다.

② 시장·군수·구청장은 건축위원회의 심의를 거쳐 높이를 완화하여 적용할 수 있다.

③ 특별시장이나 광역시장은 가로구역별 건축물의 높이를 특별시나 광역시의 조례로 정할 수 있다.

④ 같은 가로구역에서 건축물의 용도 및 형태에 따라 건축물의 높이를 다르게 정할 수 있다.

(2) 일조확보를 위한 높이제한

① 지역에 의한 일조내용

㉠ 전용주거지역, 일반주거지역 안에서 건축하는 건축물의 높이는 일조 등의 확보를 위하여 정북방향의 인접대지경계선으로부터의 다음의 거리 이상을 띄어 건축하여야 한다.

ⓐ 10m 이하인 부분: 1.5m 이상

ⓑ 10m 초과하는 부분: 각 부분의 높이의 2분의 1 이상

㉡ 정남방향으로 할 수 있는 경우

ⓐ 택지개발지구, 대지조성사업지구, 도시개발구역, 정비구역 등

ⓑ 정북방향으로 공지에 접한 대지

ⓒ 정북방향으로 접한 대지소유자와 합의한 경우

② 공동주택의 높이

㉠ 적용대상: 중심상업지역, 일반상업지역에 건축하는 것 제외

㉡ 인접대지경계선까지의 거리에 의한 제한

ⓐ 원칙: 채광창 벽면에서 인접대지경계선까지의 수평거리의 2배 이하

ⓑ 예외: 근린상업지역, 준주거지역안의 건축물은 4배 이하

ⓒ 다세대주택(인접대지경계선까지의 거리가 1m 이상)은 적용하지 않는다.

㉢ 건축물이 마주보고 있는 경우 다음의 거리를 띌 것

ⓐ 채광창 벽면으로부터 직각방향: 건축물 각 부분의 높이의 0.5배 이상

ⓑ 채광창이 없는 벽면과 측벽: 8m 이상

ⓒ 측벽과 측벽: 4m 이상

③ 2층 이하로서 8m 이하인 건축물: 일조권 적용하지 아니할 수 있다.

제6절	**보칙**

① 이행강제금

(1) 부과대상: 위반건축물에 대한 시정명령의 이행을 하지 아니한 경우

(2) 이행강제금의 부과기준

① **건폐율·용적률 초과, 무허가·무신고**: $1m^2$의 시가표준액의 50%에 해당하는 금액에 위반면적을 곱한 금액 이하의 범위에서 다음의 비율을 곱한 금액. 다만 건축조례로 다음의 비율을 낮추는 경우 그 비율은 60% 이상이어야 한다.

ㄱ **신고를 하지 아니하고 건축한 경우**: 70%

ㄴ **건폐율을 초과하여 건축한 경우**: 80%

ㄷ **용적률을 초과하여 건축한 경우**: 90%

ㄹ **허가를 받지 아니하고 건축한 경우**: 100%

② **①이외의 경우**: $1m^2$의 시가표준액의 10%에 해당하는 금액에 위반면적을 곱한 금액

③ **$60m^2$ 이하의 주거용 건축물**: ①, ②의 2분의 1의 범위에서 조례로 정하는 금액을 부과

④ **영리목적의 위반, 상습 위반**: 100분의 100의 범위에서 가중하여야 한다.

(3) 부과절차: 미리 문서로써 계고

(4) 이행강제금의 반복부과: 1년에 2회 이내

(5) 이행강제금의 부과중지: 시정명령 이행하는 경우

① 새로운 이행강제금의 부과를 즉시 중지

② 이미 부과된 이행강제금은 이를 징수하여야 한다.

주택법

① 주택

(1) **주택의 의의**: 세대 구성원이 장기간 독립된 주거생활을 할 수 있는 구조, 건축물의 전부 또는 일부 및 그 부속토지, 단독주택과 공동주택으로 구분

단독주택	단독주택, 다중주택, 다가구주택
공동주택	아파트, 연립주택, 다세대주택

(2) **준주택**

① **의의**: 주택 외의 건축물과 그 부속토지로서 주거시설로 이용가능한 시설

② **종류**: 다중생활시설, 기숙사, 오피스텔, 노인복지주택

(3) **건설자금에 따른 주택의 분류**

국민주택	국민주택규모 이하인 다음의 주택 ① 국가, 지방자치단체, 한국토지주택공사, 지방공사가 건설하는 주택 ② 국가·지방자치단체의 재원 또는 주택도시기금의 자금지원을 받아 건설·개량되는 주택
민영주택	국민주택을 제외한 주택

💡 국민주택규모: 주거전용면적이 85m² 이하(수도권을 제외한 도시지역이 아닌 읍·면 지역은 100m²)

(4) **세대구분형 공동주택**

① 의미: 공동주택의 주택 내부 공간의 일부를 세대별로 **구분**하여 **생활이 가능**한 구조, 그 구분된 공간 일부에 대하여 **구분소유를 할 수 없는** 주택

② **건설기준**

㉠ 사업계획승인을 받아 건설하는 공동주택의 경우

ⓐ 각각의 공간마다 별도 욕실·부엌·현관 설치

ⓑ 세대간 연결문 또는 경량구조 경계벽 등 설치

ⓒ 전체 호수의 3분의 1 이내

ⓓ 전체 주거전용면적 합계의 3분의 1 이내

ⓛ 기존 공동주택에 허가·신고후 설치하는 경우

ⓐ 구분공간의 세대수 : 기존세대 포함 2세대 이하

ⓑ 각각의 공간마다 별도 욕실·부엌·구분출입문 설치

ⓒ 전체 세대수의 10분의 1, 해당 동의 전체 세대수의 3분의 1 이내

(5) 도시형 생활주택

① **의미** : 300세대 미만의 국민주택규모로 도시지역에 건설

② **도시형 생활주택의 종류**

㉠ 아파트형 주택 : 다음의 요건을 모두 갖춘 아파트

ⓐ 세대별로 독립된 주거가 가능하도록 욕실 및 부엌을 설치할 것

ⓑ 지하층에는 세대를 설치하지 않을 것

㉡ 단지형 연립주택 : 연립주택. 다만, 건축위원회의 심의를 받은 경우에는 주택으로 쓰는 층수를 5개층까지 건축할 수 있다.

㉢ 단지형 다세대주택 : 다세대주택. 다만, 건축위원회의 심의를 받은 경우에는 주택으로 쓰는 층수를 5개층까지 건축할 수 있다.

③ **건축제한**

㉠ 원칙 : 하나의 건축물에는 **도시형 생활주택과 그 밖의 주택**을 함께 건축할 수 없으며, 하나의 건축물에는 **단지형 연립주택 또는 단지형 다세대주택과 아파트형 주택**을 함께 건축할 수 **없다.**

㉡ 예외 : 다음의 경우에는 함께 건축할 수 있다.

ⓐ 도시형 생활주택과 주거전용면적이 $85m^2$를 초과하는 주택 1세대를 함께 건축하는 경우

ⓑ 준주거지역 또는 상업지역에서 아파트형 주택과 도시형 생활주택 외의 주택을 함께 건축하는 경우

② 기타 용어

(1) **공공택지** : 다음의 공공사업에 의하여 개발·조성되는 공동주택이 건설되는 용지

① 공공시행자가 수용·사용방식으로 시행하는 도시개발사업

② 국민주택건설사업, 택지개발사업, 산업단지개발사업 등

참고 정비사업으로 조성되는 공동주택 용지는 공공택지가 아니다.

(2) 부대시설과 복리시설

부대시설	주차장, 관리사무소, 담장, 주택단지안의 도로, 경비실 등
복리시설	어린이놀이터, 근린생활시설, 유치원, 경로당, 입주자집회소 등

(3) **간선시설**: 도로 · 상하수도 · 전기시설 · 가스시설 · 통신시설 및 지역난방시설 등 주택단지안의 기간시설을 주택단지밖에 있는 기간시설에 연결시키는 시설

① **가스시설, 통신시설, 지역난방시설**: 주택단지안의 기간시설을 포함

② **도로, 상하수도, 전기시설**: 주택단지안의 시설을 제외

(4) **주택단지**: 다음의 시설로 분리된 토지는 각각 별개의 주택단지

① 철도 · 고속도로 · 자동차전용도로

② 폭 20m 이상인 일반도로

③ 폭 8m 이상인 도시계획예정도로

(5) **리모델링**: 건축물의 노후화 억제 또는 기능향상 등을 위한 다음의 행위

① 대수선

② 사용승인일부터 15년이 경과된 공동주택을 각 세대의 주거전용면적의 30% (주거전용면적이 $85m^2$ 미만인 경우 40%) 이내에서 증축

③ **세대수 증가형 리모델링**: 15% 이내

④ **수직 증축형 리모델링**

ㄱ 기존 건축물의 층수가 15층 이상인 경우: 3개층

ㄴ 기존 건축물의 층수가 14층 이하인 경우: 2개층

(6) **공구**: 하나의 주택단지에서 둘 이상으로 구분되는 일단의 구역, 착공신고 및 사용검사를 별도로 수행

① 6미터 이상의 폭으로 공구 간 경계를 설정할 것

② 공구별 세대수는 300세대 이상으로 할 것

③ 전체 세대수가 600세대 이상인 주택단지는 공구별로 분할하여 주택을 건설 · 공급할 수 있다.

참고 공동주택의 기능 향상 등을 위하여 공용부분에 대하여도 별도로 증축할 수 있다.

제2절 주택의 건설

① 사업주체

(1) 등록사업자

① 국토교통부장관에게 등록

주택건설사업	단독주택	연간 20호 이상
	공동주택	연간 20세대 이상(도시형 생활주택은 30세대)
대지조성사업		연간 1만m² 이상

② 등록 요건 : 자본금 3억원(개인은 자산평가액 6억원) 이상, 기술자 1명 이상, 사무장비를 갖출 수 있는 면적의 사무실

③ 등록사항의 변경 : 변경한 사유가 발생한 날부터 30일 이내에 국토교통부장관에게 신고

④ 결격사유 : 다음에 해당하는 자는 등록 할 수 없다.

㉠ 미성년자 · 피성년후견인 또는 피한정후견인

㉡ 파산선고를 받은 자로서 복권되지 아니한 자

㉢ 금고 이상의 실형을 선고받고 그 집행이 끝나거나 집행이 면제된 날부터 2년이 지나지 아니한 자

㉣ 금고 이상의 형의 집행유예를 선고받고 그 유예기간 중에 있는 자

㉤ 등록이 말소된 후 2년이 지나지 아니한 자

㉥ 임원 중에 ㉠~㉤에 해당하는 자가 있는 법인

⑤ 등록말소 등

㉠ 일정한 경우 등록을 말소하거나 1년 이내의 기간을 정하여 영업의 정지를 명할 수 있다.

㉡ 의무적 말소(해야 한다) : 등록증 대여, 부정등록

⑥ 등록말소 또는 영업정지의 처분을 받은 등록업자는 그 처분 전에 사업계획 승인을 얻은 사업은 이를 계속 수행할 수 있다.

(2) 비등록사업자

① 국가·지방자치단체, 한국토지주택공사, 지방공사

② 주택건설사업을 목적으로 설립된 공익법인

③ 등록사업자와 공동으로 주택건설사업을 시행하는 **주택조합**

④ 등록사업자와 공동으로 주택건설사업을 시행하는 **고용자**

참고 고용자 = 근로자를 고용하는 자

(3) 공동사업주체

토지소유자	토지소유자가 주택을 건설하는 경우 등록사업자와 공동으로 사업을 시행할 수 있다.
주택조합	주택조합(세대수 증가가 없는 리모델링주택조합 제외)이 구성원의 주택을 건설하는 경우 등록사업자와 공동으로 사업을 시행할 수 있다.
고용자	고용자가 그 근로자의 주택을 건설하는 경우 등록사업자와 공동으로 사업을 시행하여야 한다.

(4) 주택조합

① 주택조합의 종류

지역주택조합	동일한 지역에 거주하는 주민이 주택을 마련하기 위하여 설립한 조합
직장주택조합	동일한 직장의 근로자가 주택을 마련하기 위하여 설립한 조합
리모델링주택조합	공동주택의 소유자가 당해 주택을 리모델링하기 위하여 설립한 조합

② 설립절차

지역주택조합	• 시장·군수·구청장의 인가 • 토지사용권 80%, 소유권 15% 확보
직장주택조합	• 시장·군수·구청장의 인가 • 국민주택을 공급받기 위한 직장주택조합: 신고 • 토지사용권 80%, 소유권 15% 확보
리모델링주택조합	• 시장·군수·구청장의 인가 • 동의: 동별 과반수, 전체의 3분의 2 💡 리모델링 허가시 동의: 동별 50%, 전체 75%

③ **조합원의 자격 및 조합원의 수**

구 분	조합원의 자격	조합원 수
지역주택조합	• 무주택자 또는 85m² 이하 주택을 1채만 소유한 세대주 • 6개월 이상 거주자	주택건설예정세대수 (임대주택 세대수 제외)의 50% 이상, 20인 이상
직장주택조합	• 무주택자 또는 85m² 이하 주택을 1채만 소유한 세대주 • 신고 설립 : 무주택자에 한함	
리모델링주택조합	• 공동주택/복리시설 소유자	제한 없음

④ **조합원의 모집 : 지역·직장주택조합**

㉠ 원칙 : **50% 이상의 대지사용권**을 확보하여 관할 시장·군수·구청장에게 **신고**하고, **공개모집**의 방법으로 조합원을 모집하여야 한다.

㉡ **결원충원, 재모집의 경우 : 신고하지 아니하고 선착순**의 방법으로 조합원을 모집할 수 있다.

㉢ 주택조합의 발기인은 조합원 모집 신고를 하는 날 주택조합에 가입한 것으로 본다.

⑤ **조합임원의 결격사유** : 다음에 해당하는 사람은 조합의 발기인 또는 임원이 될 수 없다.

㉠ 미성년자·피성년후견인 또는 피한정후견인

㉡ 파산선고를 받은 자로서 복권되지 아니한 사람

㉢ 금고 이상의 실형을 선고받고 그 집행이 끝나거나 집행이 면제된 날부터 2년이 지나지 아니한 사람

㉣ 금고 이상의 형의 집행유예를 선고받고 그 유예기간 중에 있는 사람

㉤ 금고 이상의 형의 선고유예를 받고 그 선고유예기간 중에 있는 사람

㉥ 법원의 판결 또는 다른 법률에 따라 자격이 상실 또는 정지된 사람

㉦ 해당 주택조합의 공동사업주체인 등록사업자 또는 업무대행사의 임직원

⑥ **지역조합·직장조합의 조합원 교체·신규가입**

㉠ 지역주택조합 또는 직장주택조합은 설립인가를 받은 후에는 해당 조합원을 교체하거나 신규로 가입하게 할 수 없다.

㉡ 시장·군수·구청장으로부터 조합원 추가모집의 승인을 받은 경우에는 조합원을 교체하거나 신규로 가입하게 할 수 있다.

  ⓒ 다음의 어느 하나에 해당하는 사유로 결원이 발생한 범위에서 충원하는 경우에는 조합원을 교체하거나 신규로 가입하게 할 수 있다.

   ⓐ 조합원의 **사망**

   ⓑ **사업계획승인 이후의 양도·증여·판결** 등으로 변경된 경우

   ⓒ 조합원 **자격상실**

   ⓓ 조합원의 탈퇴로 주택건설예정세대수의 **50% 미만**이 된 경우

   ⓔ 예정세대수의 변경으로 변경된 주택건설예정세대수의 **50% 미만**이 된 경우

  ⓔ 추가모집 또는 충원되는 조합원의 자격 요건을 갖추었는지를 판단할 때에는 조합설립인가 신청일을 기준으로 한다.

  ⓜ 조합원 추가모집의 승인과 조합원 추가모집에 따른 주택조합의 변경인가 신청은 사업계획승인신청일까지 하여야 한다.

 ⑦ **주택조합의 해산**

  ㉠ 주택조합설립인가 받은 날부터 3년이 되는 날까지 사업계획승인을 받지 못하는 경우 총회의 의결을 거쳐 해산 여부를 결정하여야 한다.

  ㉡ 조합원 모집 신고가 수리된 날부터 2년이 되는 날까지 주택조합 설립인가를 받지 못하는 경우 신청자 전원 총회 의결을 거쳐 주택조합 사업의 종결 여부를 결정하도록 하여야 한다.

② 주택건설자금

(1) 주택상환사채

 ① **한국토지주택공사**와 **등록사업자**는 주택상환사채를 발행할 수 있다.

 ② 등록사업자의 주택상환사채 발행: 다음의 기준에 맞고 금융기관 또는 주택도시보증공사의 보증을 받은 경우에만 주택상환사채를 발행할 수 있다.

  ㉠ 법인으로서 자본금이 5억원 이상일 것

  ㉡ 건설업 등록을 한 자일 것

  ㉢ 최근 3년간 연평균 주택건설실적이 300세대 이상일 것

  ㉣ 등록사업자가 발행할 수 있는 주택상환사채의 규모는 최근 3년간의 연평균 주택건설호수 이내로 한다.

 ③ 주택상환사채를 발행하려는 자는 **국토교통부장관의 승인**을 받아야 한다.

④ **발행방법**

  ㉠ 주택상환사채는 **기명증권**으로 한다.

  ㉡ 사채권자 명의변경: 취득자의 성명과 주소를 사채원부에 기록하는 방법으로 하며, 채권에 기록하지 아니하면 제3자에게 대항할 수 없다.

  ㉢ 액면 또는 할인의 방법으로 발행한다.

⑤ **주택상환사채의 상환**

  ㉠ 주택상환사채의 **상환기간**은 3년을 초과할 수 없다.

  ㉡ 상환기간은 주택상환사채 **발행일부터** 주택의 **공급계약체결일까지**의 기간으로 한다.

  ㉢ 주택상환사채는 양도하거나 중도에 해약할 수 없다. 다만, 해외이주 등 국토교통부령으로 정하는 부득이한 사유가 있는 경우는 예외로 한다.

⑥ 등록사업자의 등록이 말소된 경우에도 등록사업자가 발행한 주택상환사채의 효력에는 영향을 미치지 아니한다.

⑦ 주택상환사채의 발행에 관하여 이 법에서 규정한 것 외에는 「상법」 중 사채발행에 관한 규정을 적용한다.

(2) 입주자저축

① 이 법에 따라 주택을 공급받으려는 자에게는 미리 입주금의 전부 또는 일부를 저축하게 할 수 있다.

② 입주자저축이란 국민주택과 민영주택을 공급받기 위하여 가입하는 주택청약종합저축을 말한다.

③ 입주자저축은 한 사람이 한 계좌만 가입할 수 있다.

③ 사업계획승인

(1) 사업계획승인 신청 대상

① **주택건설사업**

단독 주택	30호 이상. 다만, 다음의 경우에는 50호 ㉠ 공공택지에서 일단의 토지를 공급받아 단독주택을 건설하는 경우 ㉡ 한옥
공동 주택	30세대 이상. 다만, 다음의 경우 50세대 ㉠ 단지형 연립주택, 단지형 다세대주택 ㉡ 주거환경개선사업을 위한 정비구역에 건설하는 공동주택

② **대지조성사업**: 1만m^2 이상

⑵ 사업계획승인권자

① 원칙

  ㉠ 10만㎡ 이상 : 시・도지사 또는 대도시 시장(인구 50만명 이상인 시)

  ㉡ 10만㎡ 미만 : 특별시장・광역시장・특별자치도지사 또는 시장・군수

② 예외 : 국토교통부장관

  ㉠ 국가・한국토지주택공사가 시행하는 경우

  ㉡ 국토교통부장관이 지정・고시하는 지역에서 주택건설사업을 시행하는 경우

⑶ 사업계획승인 제외대상

① 상업지역(유통상업 제외), 준주거지역안에서 300세대 미만의 주상복합

② 주택의 비율이 90% 미만

⑷ 사업계획승인 절차

사업계획승인권자는 사업계획승인의 신청을 받았을 때에는 정당한 사유가 없으면 신청받은 날부터 **60일** 이내에 사업주체에게 **승인 여부**를 **통보**하여야 한다.

⑸ 주택건설대지의 소유권 확보

① 원칙 : 사업계획승인을 얻고자 하는 자 → 대지의 소유권 확보하여야

② 예외

  ㉠ 지구단위계획 결정이 필요한 주택건설사업으로 대지면적의 80% 이상을 사용할 수 있는 권원(주택조합은 95% 이상의 소유권)을 확보하고 나머지 토지가 매도청구 대상인 경우

  ㉡ 대지를 사용할 수 있는 권원을 확보한 경우

  ㉢ 국가・지방자치단체・한국토지주택공사・지방공사가 주택건설사업을 하는 경우

  ㉣ 리모델링 결의를 한 리모델링주택조합이 매도청구를 하는 경우

⑹ 매도청구 : 시가대로 매도할 것을 청구

① 주택건설사업 : 사업계획승인을 받은 사업주체

  ㉠ 사용권원 95% 이상 확보 : 모든 소유자에게 청구

  ㉡ ㉠외의 경우 : 지구단위계획구역 결정고시일 10년 이전에 당해 대지의 소유권을 확보하여 계속 보유하고 있는 자를 제외한 소유자

  ㉢ 대지소유자와 사전에 3월 이상의 기간을 협의

② **리모델링 결의를 한 리모델링주택조합**: 리모델링 결의에 찬성하지 아니하는 자에 대해 매도 청구

💡 사용검사 후 매도청구

① 주택의 소유자들은 주택단지의 일부 토지에 대한 실소유자(소유권이전등기 말소소송 등으로 사용검사후에 토지의 소유권을 회복한 자)에게 해당 토지를 시가로 매도할 것을 청구

② **매도청구의 요건**: 해당 토지의 면적이 주택단지 전체 대지 면적의 5퍼센트 미만이어야 한다.

③ **주택의 소유자들은 대표자를 선정하여 매도청구에 관한 소송을 제기**
  ㉠ 대표자는 주택의 소유자 전체의 4분의 3 이상의 동의를 받아 선정
  ㉡ 매도청구에 관한 소송에 대한 판결은 주택의 소유자 전체에 대하여 효력이 있다.

④ **매도청구의 의사표시**: 소유권을 회복한 날부터 2년 이내에 해당 실소유자에게 송달

⑤ **구상**: 매도청구로 인하여 발생한 비용의 전부를 사업주체에게 구상(求償)할 수 있다.

⑺ 공사 착수

① 사업계획승인을 받은 사업주체는 다음의 구분에 따라 공사를 시작하여야 한다.
  ㉠ 승인받은 날부터 5년 이내
  ㉡ 공구별 승인을 받은 경우
    ⓐ 최초로 공사를 진행하는 공구: 승인받은 날부터 5년 이내
    ⓑ 최초로 공사를 진행하는 공구 외의 공구: 해당 주택단지에 대한 최초 착공신고일부터 2년 이내

② 1년의 범위에서 공사의 착수기간을 연장할 수 있다.

③ 다음에 해당하는 경우 그 사업계획의 승인을 취소할 수 있다.
  ㉠ 사업주체가 ①의 규정을 위반하여 공사를 시작하지 아니한 경우
  ㉡ 사업주체가 경매·공매 등으로 인하여 대지소유권을 상실한 경우
  ㉢ 사업주체의 부도·파산 등으로 공사의 완료가 불가능한 경우

④ 사업시행을 위한 조치

(1) 토지의 수용·사용

① **수용·사용이 가능한 사업** : 국가·지방자치단체·한국토지주택공사 및 지방공사인 사업주체가 국민주택을 건설하는 경우

② **공익사업을위한토지등의취득및보상에관한법률 준용**
 ㉠ 사업인정의 의제 : 사업계획승인
 ㉡ 재결신청기간 특례 : 주택건설사업기간 내

(2) 타인토지의 출입

① **출입할 수 있는 자** : 국가·지방자치단체·한국토지주택공사 및 지방공사인 사업주체

② **출입목적** : 사업계획의 수립을 위한 조사·측량, 국민주택사업의 시행

(3) 서류의 열람 : 국민주택을 건설·공급하는 사업주체는 무료

(4) 국·공유지의 우선매각·임대

① **다음의 목적으로 매수·임차를 원하는 자에게 우선 매각·임대 가능**
 ㉠ 국민주택규모의 주택을 50% 이상 건설
 ㉡ 주택조합이 건설하는 주택의 건설

② 2년 이내에 목적 사업 시행 아니하는 경우 환매 또는 임대차계약 취소할 수 있다.

(5) 체비지 우선매각 : 환지방식의 도시개발사업으로 조성된 대지

① **목적** : 국민주택용지로 사용

② **매각범위** : 체비지 총면적의 50% 범위 내

③ **체비지의 양도가격** : 감정가격을 기준으로 한다.

⑤ 사용검사

(1) 대상 및 시기

① **원칙** : 주택건설사업 또는 대지조성사업 완료 후

② **예외**
 ㉠ 공구별 사업계획승인을 받은 경우 공구별로 사용검사를 받을 수 있다.
 ㉡ 대통령령으로 정하는 사유가 있는 경우 동별로 사용검사를 받을 수 있다.

(2) **사용검사권자**

　① **원칙**: 시장·군수 또는 구청장

　② **예외**: 국토교통부장관(국가·토지주택공사가 사업주체인 경우, 국토교통부
　　　장관에게 승인을 얻은 경우)

(3) **신청자**

　① **원칙**: 사업주체

　② 사업주체가 파산 등으로 주택건설사업을 계속할 수 없는 경우에는 시공보증
　　자가 잔여공사를 시공하고 사용검사를 받아야 한다.

　③ 시공보증자가 없거나 파산 등으로 시공을 할 수 없는 경우에는 입주예정자
　　대표회의가 시공자를 정하여 잔여공사를 시공하고 사용검사를 받아야 한다.

(4) **사용검사시기**: 신청일로부터 15일 이내

(5) **임시사용승인**

　① **원칙**: 사용검사를 받은 후가 아니면 주택을 사용할 수 없다.

　② **예외**: 임시사용승인을 얻은 경우
　　㉠ 신청시기: 주택의 동별 공사완료시, 대지의 구획별 공사완료시
　　㉡ 공동주택은 세대별로 임시사용승인 가능

제3절　주택의 공급

① 주택공급

　① 사업주체가 입주자를 모집하려면 시장·군수·구청장의 승인을 받아야 한다.
　　㉠ 공공주택사업자(국가·지방자치단체·한국토지주택공사·지방공사)는
　　　승인을 받을 필요가 없다.
　　㉡ 복리시설의 경우에는 신고하여야 한다.

　② 사업주체가 주택을 공급하려면 벽지·바닥재·주방용구·조명기구 등을 제외한
　　부분의 가격을 따로 제시하고, 이를 입주자가 선택할 수 있도록 하여야 한다.

② 분양가격제한

(1) 분양가 상한제

① **분양가상한제 적용주택**: 사업주체가 일반에 공급하는 공동주택 중 다음에 해당하는 지역에서 공급하는 주택
  - ㉠ 공공택지
  - ㉡ 도심 공공주택 복합지구, 주거재생혁신지구, 분양가상한제 적용지역

② **분양가상항제의 적용제외 대상**
  - ㉠ 도시형 생활주택
  - ㉡ 경제자유구역에서 외자유치촉진을 위해 심의·의결한 경우
  - ㉢ 관광특구에서 건축물의 층수가 50층 이상이거나 높이가 150미터 이상인 경우
  - ㉣ 공공재개발사업에서 건설·공급하는 주택

(2) 분양가상한제 적용지역

① **지정권자**: 국토교통부장관

② **지정대상**: 주택가격상승률이 물가상승률보다 현저히 높은 지역으로서 가격이 급등할 우려가 있는 지역 → 투기과열지구 중 다음에 해당하는 지역
  - ㉠ 12개월간의 아파트의 분양가격상승률이 물가상승률의 2배를 초과한 지역
  - ㉡ 3개월간의 주택매매거래량이 전년동기대비 20% 이상 증가한 지역
  - ㉢ 2개월간 주택의 월평균 청약경쟁률이 5대 1을 초과하였거나 국민주택규모 주택의 월평균 청약경쟁률이 10대 1을 초과한 지역

③ **지정절차**: 시·도지사의 의견 – 심의 – 공고 및 시장·군수·구청장에게 통보 – 시장·군수·구청장은 사업주체에게 입주자 모집공고 시 공고하게 함

④ **분양가상한제 적용지역의 해제**
  - ㉠ 국토교통부장관은 분양가상한제 적용 지역으로 계속 지정할 필요가 없다고 인정하는 경우에는 주거정책심의위원회 심의를 거쳐 해제하여야 한다.
  - ㉡ 시·도지사, 시장, 군수 또는 구청장은 국토교통부장관에게 그 지정의 해제를 요청할 수 있다.
  - ㉢ 국토교통부장관은 요청받은 날부터 40일 이내에 주거정책심의위원회의 심의를 거쳐 해제 여부를 결정하여야 한다.

(3) 분양가상한제 적용주택 등의 입주자의 거주의무

① 다음 주택의 입주자(상속 제외)는 최초 입주가능일부터 3년 이내에 입주하여야 하고, 5년 이내의 범위에서 대통령령으로 정하는 기간 동안 계속하여 해당 주택에 거주하여야 한다.

㉠ 수도권에서 건설·공급하는 분양가상한제 적용주택

㉡ 토지임대부 분양주택

② **거주의무기간**: 인근지역주택매매가격에 대한 분양가격의 비율에 따른 다음의 기간

㉠ 분양가상한제 적용주택

공공택지	80% 미만	5년
	80% 이상 100% 미만	3년
공공택지 外	80% 미만	3년
	80% 이상 100% 미만	2년

㉡ 토지임대부 분양주택: 5년

③ **거주의무의 부기등기**

㉠ 거주의무자는 거주의무기간 동안 계속하여 거주하여야 함을 소유권에 관한 등기에 부기등기하여야 한다.

㉡ 부기등기는 주택의 소유권보존등기와 동시에 하여야 한다.

③ 투기과열지구

(1) **지정권자**: 국토교통부장관 또는 시·도지사

(2) **지정절차**: 의견·협의 − 심의 − 공고 및 시장·군수·구청장에게 통보 − 시장·군수·구청장은 사업주체에게 입주자 모집공고 시 공고하게 함

① **국토교통부장관의 지정**: 시·도지사의 의견

② **시·도지사의 지정**: 국토부교통장관과 협의

(3) **재검토**: 국토교통부장관은 반기마다 투기과열지구 지정의 계속 여부를 재검토

(4) 투기과열지구의 해제

① 국토교통부장관 또는 시·도지사는 투기과열지구에서 지정 사유가 없어졌다고 인정하는 경우에는 지체 없이 투기과열지구 지정을 해제하여야 한다.

② **해제요청**: 시·도지사 또는 시장·군수·구청장 → 국토교통부장관, 시·도지사

③ **해제여부에 관한 통보**: 40일 이내

④ 조정대상지역

(1) 지정권자: 국토교통부장관

(2) 지정대상

① 주택분양의 과열 또는 과열 우려가 있는 지역

② 주택거래의 위축 또는 위축 우려가 있는 지역

(3) 지정절차: 시·도지사의 의견 − 심의 − 공고 및 시장·군수·구청장에게 통보 − 시장·군수·구청장은 사업주체에게 입주자 모집공고 시 공고하게 함

(4) 재검토: 국토교통부장관은 반기마다 투기과열지구 지정의 계속 여부를 재검토

(5) 조정대상지역의 해제

① 국토교통부장관은 조정대상지역으로 유지할 필요가 없다고 판단되는 경우에는 조정대상지역의 지정을 해제하여야 한다.

② **해제요청**: 시·도지사 또는 시장·군수·구청장 → 국토교통부장관

③ **해제여부에 관한 통보**: 40일 이내

⑤ 저당권설정 등의 제한

(1) 저당권설정 등의 제한

① **제한기간**: 입주자모집공고승인 신청일 ~ 소유권이전등기를 신청할 수 있는 날 이후 60일까지의 기간

    💡 참고: 소유권이전등기를 신청할 수 있는 날 = 사업주체가 통보한 입주 가능일

② **제한내용**: 주택을 공급받는 자의 <u>동의 없이</u> 담보물권의 설정, 전세권·지상권등의 설정, 처분 등의 행위를 하여서는 아니됨

⑵ 부기등기

① 부기등기 의무

ⓐ 담보물권의 설정등이 제한되는 재산임을 부기등기

ⓑ 사업주체가 국가 · 지방자치단체 · 토지주택공사 · 지방공사인 경우 : 부기등기의 의무가 없다.

② 부기등기의 시기

ⓐ 대지 : 입주자모집공고 승인 신청과 동시에

ⓑ 주택 : 소유권보존등기와 동시에

③ 부기등기일 이후의 당해 대지 · 주택의 양수, 제한물권 설정 등의 효력 : 무효

⑥ 전매제한

⑴ **전매제한 대상** : 사업주체가 건설 · 공급하는 주택(입주자로 선정된 지위 포함)으로서 다음에 해당하는 경우 10년 이내의 범위에서 대통령령으로 정하는 기간이 지나기 전에는 그 주택을 전매(상속의 경우는 제외)하거나 이의 전매를 알선할 수 없다.

① 투기과열지구에서 건설 · 공급되는 주택

② 조정대상지역에서 건설 · 공급되는 주택

③ 분양가상한제 적용주택

④ 공공택지 외의 택지에서 건설 · 공급되는 주택

⑤ 공공재개발사업에서 건설 · 공급하는 주택

⑵ **전매제한의 예외** : 다음의 사유로 한국토지주택공사의 동의를 받은 경우

① 근무 또는 생업상의 사정 등으로 세대원 전원이 다른 광역시, 시 또는 군으로 이전하는 경우. 다만, 수도권안에서 이전하는 경우는 제외한다.

② 상속에 의하여 취득한 주택으로 세대원 전원이 이전

③ 세대원 전원이 해외로 이주하거나 2년 이상의 기간 해외에 체류

④ 이혼으로 인하여 입주자로 선정된 지위 또는 주택을 그 배우자에게 이전

⑤ 국가 · 지방자치단체 및 금융기관에 대한 채무로 인한 경매 또는 공매

⑥ 입주자로 선정된 지위 또는 주택의 일부를 배우자에게 증여하는 경우

⑦ 실직 · 파산 또는 신용불량으로 경제적 어려움이 발생한 경우

(3) **위반시 조치**: 국토교통부장관은 위반한 자에 대하여 **10년**의 범위에서 국토교통부령으로 정하는 바에 따라 주택의 **입주자자격을 제한**할 수 있다.

⑦ 공급질서교란행위의 금지

(1) 금지행위

누구든지 이 법에 따라 건설·공급되는 주택을 공급받거나 공급받게 하기 위하여 (2)에 해당하는 증서 또는 지위를 **양도·양수** 또는 이를 **알선**하거나 **광고**를 하여서는 **아니 되며**, 누구든지 거짓이나 그 밖의 부정한 방법으로 이 법에 따라 건설·공급되는 증서나 지위 또는 주택을 공급받거나 공급받게 하여서는 아니 된다(**상속·저당**은 **제외**).

(2) 금지대상

참고 리모델링주택조합의 조합원으로서의 지위는 공급질서교란행위의 금지의 대상이 아니다.

① 주택조합의 조합원으로서 주택을 공급받을 수 있는 지위
② 입주자저축의 증서
③ 주택상환사채
④ 그 밖에 주택을 공급받을 수 있는 증서 또는 지위로서 대통령령이 정하는 것
  ㉠ 시장·군수·구청장이 발행한 무허가건물 확인서, 건물철거예정 증명서 또는 건물철거 확인서
  ㉡ 공공사업의 시행으로 인한 이주대책에 따라 주택을 공급받을 수 있는 지위 또는 이주대책대상자 확인서

(3) 위반시 효과

① 국토교통부장관 또는 사업주체는 주택 공급을 신청할 수 있는 **지위를 무효**로 하거나 이미 체결된 주택의 공급계약을 **취소하여야 한다.**
② **환매**: 사업주체는 위반자에 대해 주택가격을 지급한 때 사업주체가 주택 취득
③ **퇴거명령**: 매수인에게 주택가격 지급 또는 공탁한 경우 퇴거를 명할 수 있음
④ 국토교통부장관은 위반한 자에 대하여 10년 이내의 범위에서 국토교통부령으로 정하는 바에 따라 주택의 **입주자자격을 제한**할 수 있다.

MEMO

농지법

제1절 **총설**

(1) **농지의 범위**

① 농작물의 경작 또는 다년생식물 재배지로 이용되는 토지(지목 불문), 개량시설의 부지 등

② **농지에서 제외되는 토지**

  ㉠ 전 · 답 · 과수원이 아닌 토지(임야 제외)로서 경작 등에 이용되는 기간이 **3년** 미만인 토지

  ㉡ 초지법에 의하여 조성된 **초지**

  ㉢ **임야**에서 산지전용허가가 없이 농작물 경작 또는 다년생식물 재배에 이용되는 토지

(2) **농업인**

① 1천m² 이상의 농지에서 경작하거나 1년 중 **농업**에 90일 이상 종사

② 330m² 이상의 고정식온실 · 비닐하우스 등에서 경작

③ 대가축 2두, 중가축 10두, 소가축 100두, 가금 1천수 또는 꿀벌 10군 이상을 사육하거나 1년 중 120일 이상 축산업에 종사

④ 농산물 연간 판매액 120만원 이상

(3) **기타 용어**

① **농업법인**: 영농조합법인과 업무집행권을 가진 자 중 3분의 1 이상이 농업인인 농업회사법인

② **자경**: 농작업의 2분의 1 이상이 자기 노동력

③ **위탁경영**: 보수를 지급하기로 약정하고 농작업의 전부 또는 일부를 위탁하여 행하는 농업경영

④ **주말 · 체험영농**: 농업인이 아닌 개인이 취미생활 · 여가활동으로 경작 · 재배

| 제2절 | **농지의 소유** |

① 농지의 소유제한

(1) **경자유전의 원칙** : 농지는 자기의 농업경영에 이용하거나 이용할 자가 아니면 이를 소유하지 못함

(2) **예외** : 농업경영에 이용하지 아니하는 농지라도 소유할 수 있는 경우

　① 국가 또는 지방자치단체가 농지를 소유하는 경우

　② 학교, 공공단체, 농업연구기관, 농업생산자단체 또는 종묘·농업기자재 생산자가 목적사업의 수행을 위해 시험·연구·실습지 또는 종묘생산용지로 농지를 소유하는 경우

　③ 주말·체험영농을 하려고 농업진흥지역 외의 농지를 소유하는 경우

　④ 농지전용허가, 농지전용신고, 농지전용협의 후 당해 농지를 소유하는 경우

　⑤ 개발사업지구내 한국농어촌공사가 개발하여 매도하는 $1,500m^2$ 미만의 농지

　⑥ 8년 이상 농업경영을 하던 자가 이농하는 경우 이농당시 소유하고 있던 농지를 계속 소유하는 경우

　⑦ 상속에 의하여 농지를 취득하여 소유하는 경우

　⑧ 담보농지를 취득하여 소유하는 경우

　⑨ **영농여건불리농지** : 평균경사율이 15% 이상인 농지로서 대통령령으로 정하는 농지를 소유하는 경우

　⑩ **비축토지**(계획관리지역, 자연녹지지역)

　⑪ **공공목적의 농지 소유**

　　㉠ 한국농어촌공사가 소유

　　㉡ 농어촌정비법에 따라 취득

　　㉢ 매립농지

　　㉣ 토지수용

　　㉤ 공익사업을 위한 토지 등의 취득 및 보상에 관한 법률에 따라 취득

② 농지의 소유상한제

(1) 농지의 소유상한

① **농업경영을 하지 않는 상속농지**: 1만m² 이내

② **이농자**(8년 이상 농업경영, 이농당시의 소유농지): 1만m² 이내

③ **주말·체험영농을 위한 농지**: 1천m² 미만(세대원 전부의 총면적)

(2) 소유상한에 대한 예외: 농지를 임대하거나 무상사용하게 하는 경우에는 소유 상한을 초과할지라도 그 기간에는 그 농지를 계속 소유할 수 있다.

③ 농지취득자격증명

(1) 발급대상

① **원칙**: 농지를 취득하려는 자는 농지 소재지를 관할하는 시장·구청장·읍 장 또는 면장에게서 농지취득자격증명을 발급받아야 한다.

② **예외**: 다음에 해당하면 농지취득자격증명을 발급받지 아니하고 농지를 취 득할 수 있다.

　㉠ 국가 또는 지방자치단체의 농지의 소유

　㉡ 상속에 의한 농지의 취득·소유

　㉢ 담보농지의 취득·소유

　㉣ **농지전용협의**를 완료한 농지의 소유

　㉤ 한국농어촌공사의 농지의 취득·소유

　㉥ 농어촌정비법에 의한 농지의 취득·소유

　㉦ 공유수면매립법에 의한 매립농지의 취득·소유

　㉧ 토지수용에 의한 농지의 취득·소유

　㉨ 공익사업을위한토지등의취득및보상에관한법률에 의한 농지의 취득·소유

　㉩ 시효의 완성

　㉪ 농업법인의 합병으로 농지를 취득하는 경우

　㉫ 공유농지의 분할 기타 대통령령이 정하는 원인으로 농지를 취득하는 경우

　㉬ 환매권자의 환매

(2) 농업경영계획서 등의 작성

① **원칙** : 농지취득자격증명을 발급받으려는 자는 다음의 사항이 포함된 농업 경영계획서 또는 주말·체험영농계획서를 작성하여 농지 소재지를 관할하는 시·구·읍·면의 장에게 발급신청을 하여야 한다.

㉠ 취득대상농지의 면적

㉡ 농업경영에 필요한 노동력 및 농업기계·장비의 확보방안

㉢ 소유농지의 이용실태

㉣ 발급받으려는 자의 직업·영농경력·영농거리

② **예외** : 다음의 목적으로 농지를 취득하는 자는 농업경영계획서를 작성하지 아니하고 발급신청을 할 수 있다.

㉠ 학교, 농업연구기관, 농업생산자단체 등이 목적사업의 수행을 위해 시험· 연구·실습지 또는 종묘생산용지로 농지를 소유하는 경우

㉡ 농지전용허가·농지전용신고를 한 자가 당해 농지를 소유하는 경우 등

㉢ 개발사업지구내 한국농어촌공사가 개발하여 매도하는 $1,500\text{m}^2$ 미만의 농지를 취득하여 소유하는 경우

㉣ 영농여건불리농지 : 평균경사율이 15% 이상인 농지로서 대통령령으로 정하는 농지를 소유하는 경우

㉤ 비축토지

(3) 발급절차 등

① 시·구·읍·면장에게 신청서 제출

② 농지 투기 성행 또는 우려 지역 : 농지위원회의 심의를 거쳐야 한다.

③ **발급기한**

㉠ 원칙 : **7일** 이내에 발급

㉡ 농업경영계획서 작성하지 않는 경우 : **4일**

㉢ 농지위원회의 심의대상인 경우 : **14일**

④ 농지취득자격증명을 발급받아 농지를 취득하는 자가 그 소유권에 관한 등기를 신청할 때에는 농지취득자격증명을 첨부하여야 한다.

(4) **농지취득자격증명의 발급제한**

① **농업경영계획서의 의무 기재사항의 미기재 및 의무 첨부서류의 미제출**: 발급하여서는 아니 된다.

② **1필지의 공유 최대인원수(7인 이하에서 시·군·구 조례로 정함)를 초과**: 발급하지 아니할 수 있다.

(5) **신청서류 및 농업경영계획서의 보존기간**: 10년

④ **농지 처분의무**

(1) **처분사유**

① 농업회사법인이 설립요건에 맞지 아니하게 된 후 3개월이 지난 경우

② 농지전용허가·신고 후 농지를 취득한 자가 취득한 날부터 2년 이내에 그 목적사업에 착수하지 아니한 경우

(2) **처분의무**: 처분사유 발생 → 1년 이내에 세대원이 아닌 자에게 처분하여야 한다.

(3) **처분명령**

① 다음의 경우에 **6개월** 이내에 처분할 것을 명령할 수 있다.
   ㉠ 농지취득자격증명의 부정 발급
   ㉡ **처분의무기간내에 처분하지 않는 경우**
   ㉢ 농업법인이 부동산업을 영위한 경우

② **처분명령의 유예**: 다음의 경우 3년간 처분명령을 직권으로 유예할 수 있다.
   ㉠ 농지를 자기의 농업경영에 이용하는 경우
   ㉡ 한국농어촌공사 등과 해당 농지의 매도위탁계약을 체결한 경우

(4) **매수청구**

① 처분명령을 받은 때에는 **한국농어촌공사**에게 매수청구 가능

② **매수가격**: **공시지가** > 인근지역 실제거래가격

③ 한국농어촌공사가 농지를 매수하는 데에 필요한 자금은 농지관리기금에서 융자한다.

(5) 이행강제금

① **부과대상**

㉠ 정당한 사유없이 지정기간안에 **처분명령을 이행하지 아니한 자**

㉡ 원상회복명령을 이행하지 아니한 자

② **부과금액**: 감정가격 또는 개별공시지가 중 높은 격의 100분의 25에 상당하는 금액

③ **부과횟수**: 매년 1회 부과·징수 가능

④ **의견제출**: 10일 이상의 기간을 정하여 의견제출의 기회를 주어야 함

⑤ **이의제기**: 30일 이내에 시장·군수·구청장에게

제3절 농지의 이용

(1) 대리경작제도

① **대리경작자의 지정**: 시장·군수·구청장이 **직권으로** 또는 신청에 따라 지정

② **대상농지**: 유휴농지

③ **대리경작자**: 인근지역의 농업인·농업법인, 지정곤란시 농업생산자단체·학교 등

④ **지정절차**

㉠ 지정예고·통보(시장·군수·구청장 → 대리경작자, 소유자, 임차권자)

㉡ 지정에 대한 이의신청: 지정예고일 부터 10일

⑤ **대리경작의 기간**: 따로 정하지 아니하면 **3년** 으로 한다.

⑥ **토지사용료**: 수확량의 100분의 10을 수확일부터 2개월 이내에 지급

⑦ **지정중지 신청**: 대리경작기간 만료 3개월 전까지

(2) 농지의 임대차

① **원칙**: 농지를 임대하거나 무상사용하게 할 수 없다.

② **예외**: 임대 및 무상사용이 가능한 경우

㉠ 농지의 소유제한의 예외에 해당하는 경우

㉡ 60세 이상의 고령으로 인하여 농업경영에 종사하지 아니하게 된 자가 자기 농업경영에 이용한 기간이 5년을 초과하는 농지를 임대하거나 무상사용하게 하는 경우

참고 임대 및 무상사용이 가능한 경우가 아닌 것
1. 학교, 공공단체, 농업연구기관, 농업생산자단체 등이 목적사업의 수행을 위해 시험·연구·실습지 또는 종묘생산용지로 농지를 소유하는 경우
2. 주말·체험영농을 하려고 농지를 소유하는 경우

© 농업경영을 하는 개인이 소유하고 있는 농지 중 **3년 이상 소유한 농지**를 **주말·체험영농을 하려는 자에게 임대**하거나 무상사용하게 하는 경우

② 다음에 해당하는 농지를 **한국농어촌공사에게 위탁**하여 임대하거나 무상사용하게 하는 경우

ⓐ 농업경영을 하는 개인이 소유하고 있는 농지 중 **3년 이상 소유한 농지**

ⓑ 농업경영을 하지 **않는 상속농지**로 소유상한을 초과하는 농지

ⓒ **이농자**(8년 이상 농업경영)가 소유한 소유상한을 초과하는 농지

ⓜ 자경 농지를 **이모작**을 위하여 **8개월 이내**로 임대하거나 무상사용하게 하는 경우

ⓗ **위탁경영이 가능한 경우**(징집 등)

③ **계약방법**

㉠ 서면계약을 원칙으로 한다.

㉡ 임대차계약은 등기가 없는 경우에도 시·구·읍·면장의 확인을 받고, 농지를 인도받은 경우 제3자에 대하여 효력이 있다.

④ **임대차 기간**

㉠ 임대차 기간은 **3년 이상**으로 하여야 한다.

ⓐ **이모작을 위한 위한 임대: 8개월 이내**

ⓑ **다년생식물 재배지, 고정식 온실·비닐하우스를 설치한 농지: 5년 이상**

㉡ 임대차 기간을 정하지 아니하거나 ㉠의 기간보다 짧은 경우에는 ㉠으로 약정된 것으로 본다.

㉢ **묵시적 갱신**: 임대인이 임대차 기간이 끝나기 3개월 전까지 임차인에게 임대차계약을 갱신하지 아니한다는 뜻이나 임대차계약 조건을 변경한다는 뜻을 통지하지 아니하면 그 임대차 기간이 끝난 때에 이전의 임대차계약과 같은 조건으로 다시 임대차계약을 한 것으로 본다

(4) 농지의 위탁경영

① **원칙**: 소유농지를 위탁경영할 수 없다.

② **예외**: 위탁경영이 가능한 경우

㉠ 「병역법」에 따라 **징집** 또는 소집된 경우

㉡ **3개월 이상 국외 여행** 중인 경우

㉢ 농업법인이 **청산** 중인 경우

참고 60세 이상의 고령으로 인하여 농업경영에 종사하지 아니하게 된 자가 자기 농업경영에 이용한 기간이 5년을 초과하는 농지는 위탁경영이 가능한 경우가 아니다.

　　ⓔ 질병, 취학, 선거에 따른 공직 취임, 그 밖에 대통령령으로 정하는 사유로
　　　자경할 수 없는 경우
　　　ⓐ 부상으로 **3개월 이상**의 **치료**가 필요한 경우
　　　ⓑ 교도소·구치소 또는 보호감호시설에 수용 중인 경우
　　　ⓒ 임신 중이거나 **분만 후 6개월** 미만인 경우
　　ⓜ 농지이용증진사업 시행계획에 따라 위탁경영하는 경우
　　ⓗ 농업인이 자기 노동력이 부족하여 농작업의 **일부**를 위탁하는 경우

제4절　농지의 보전

① 농업진흥지역

(1) **지정권자** : 시·도지사

(2) **구분지정**

① **농업진흥구역** : 농업의 진흥을 도모 → 농업목적으로 이용하는 것이 필요한 지역

② **농업보호구역** : 농업진흥구역의 용수원확보 등 농업환경 보호를 위해 필요한 지역

(3) **지정대상** : 녹지지역(특별시 녹지 제외), 관리지역, 농림지역, 자연환경보전지역

② 농지전용

(1) **농지의 전용허가**

① 농지를 전용하려는 자는 농림축산식품부장관의 허가를 받아야 한다.

② **예외** : 허가없이 전용할 수 있는 경우

　㉠ 농지전용에 관한 협의를 거친 농지를 전용하는 경우

　㉡ 농지전용신고를 하고 농지를 전용하는 경우

　㉢ 불법으로 개간된 농지를 산림으로 복구하는 경우

(2) **농지의 전용신고**: 시장·군수·구청장에게 신고

① 농업인주택, 농축산업용시설, 농수산물유통·가공시설

② 어린이놀이터·마을회관 등 농업인의 공동생활 편익시설

③ 농수산관련 연구시설과 양어장·양식장등 어업용시설

(3) **농지전용허가의 취소**

① 거짓이나 그 밖의 부정한 방법으로 허가를 받거나 신고한 것이 판명된 경우

② 허가 목적이나 허가 조건을 위반하는 경우

③ 허가를 받지 아니하거나 신고하지 아니하고 사업계획 또는 사업 규모를 변경하는 경우

④ 허가·신고 후 정당한 사유없이 2년 이상 농지전용목적사업에 착수하지 아니하거나 농지전용목적사업에 착수한 후 1년 이상 공사를 중단한 경우

⑤ 농지보전부담금을 내지 아니한 경우

⑥ 허가를 받은 자 또는 신고를 한 자가 허가의 취소를 신청하거나 신고를 철회하는 경우

⑦ 허가 받은 자가 관계공사의 중지등 이 조 본문의 규정에 의한 조치명령을 위반한 경우(의무적 취소)

(4) **지목변경**

① **원칙**: 농지는 원칙적으로 전·답·과수원 외의 지목으로 변경하지 못함

② **전·답·과수원 외의 지목으로 변경이 가능한 경우**

ㄱ 농지전용허가 또는 협의를 거쳐 농지전용

ㄴ 불법 개간 농지를 산림으로 복구하는 목적으로 농지전용

ㄷ 하천관리청으로부터 허가를 받아 농지의 형질변경

ㄹ 농지전용신고를 하고 농지전용

ㅁ 농어촌용수개발사업이나 농업생산기반개량사업의 시행으로 토지의 개량시설의 부지로 변경

ㅂ 시장·군수·구청장이 천재지변 등의 사유로 그 농지의 형질이 현저히 달라져 원상회복이 거의 불가능하다고 인정하는 경우

(5) **기타**

① **농지위원회**: 시·구·읍·면에 설치

② **농지원부 및 농지대장**: 시·구·읍·면장이 작성

제36회 공인중개사 시험대비 **전면개정판**

2025 박문각 공인중개사
박희용 필수서 **2차** 부동산공법

초판인쇄 | 2025. 2. 1. **초판발행** | 2025. 2. 5. **편저** | 박희용 편저
발행인 | 박 용 **발행처** | (주)박문각출판 **등록** | 2015년 4월 29일 제2019-000137호
주소 | 06654 서울시 서초구 효령로 283 서경빌딩 4층 **팩스** | (02)584-2927
전화 | 교재 주문 (02)6466-7202, 동영상문의 (02)6466-7201

저자와의
협의하에
인지생략

정가 16,000원
ISBN 979-11-7262-553-5